工会夏令营手册

中国职工国际旅行社总社 编

中国工人出版社

致小伙伴们的一封信

亲爱的小伙伴们：

季夏之月，树木方盛。在这个充满活力与希望的夏天，我们怀着无比喜悦的心情，迎来了工会夏令营活动！我们全体工作人员，向各位小伙伴表示最热烈的欢迎，期待工会夏令营因你而精彩！

十年树木，百年树人。习近平总书记在党的二十大报告中指出，要广泛践行社会主义核心价值观。社会主义核心价值观是凝聚人心、汇聚民力的强大力量。要弘扬以伟大建党精神为源头的中国共产党人精神谱系，用好红色资源，深入开展社会主义核心价值观宣传教育，深化爱国主义、集体主义、社会主义教育，着力培养担当民族复兴大任的时代新人。

习近平总书记教导我们，要“坚持德智体美劳全面发展，争做爱党爱国、自立自强、奋发向上的新时代好少

Summer Holiday

年”。工会夏令营，致力于为小伙伴们提供一个德智体美劳全面发展的大舞台、大校园。这是一个充满挑战、机遇、生机与活力的美妙之地，它能让你拓宽视野、增长知识、锻炼能力。在这里，你将会结识来自五湖四海的朋友，共同游学、研学、博学，学习中国革命历史、领略灿烂中华文化、欣赏祖国壮美河山，插上理想的翅膀，更加坚定信仰，更加爱祖国、爱人民，爱我们伟大、光荣、正确的中国共产党，你们的韶华时代，也会因此更加闪亮。

在接下来的7天时间里，希望小伙伴们积极参加各项活动，努力挖掘潜力、勇敢挑战自我。要认真遵守各项管理规定，团结友爱、厉行节约、保护环境，共建一个和谐、美好、热情似火的夏令营。

祝愿小伙伴们度过一个充实、愉快的夏令营假期！

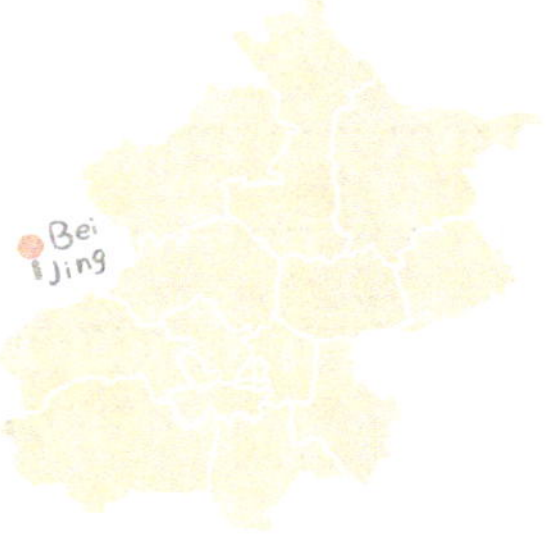

工会夏令营全体工作人员

2025年夏

目录

1 活动注意事项

2 打卡首都北京（按活动行程排序）

3 知识加油站

1

活动注意事项

7天活动攻略

活动行程以实际为准哦！

第一天	上午	抵京
	下午	组织学习，综合教育 掌握安全须知和行程安排

参观日	10:00 — 11:30	参观天安门广场，瞻仰人民英雄纪念碑 爱党、爱国主义教育
	12:30 — 16:00	参观故宫 历史文化教育
	16:30 — 18:00	参观中国工人运动历史和发展成就展 党的工运史教育

参观日	09:30 — 11:00	参观中国共产党历史展览馆 爱党教育
	13:00 — 17:00	参观荣宝斋木版水印画 参观中国书店“中华典籍文化展” 参加传统文化讲座 优秀传统文化教育

参观日	10:00 — 11:30	参观长城 历史文化教育
	13:00 — 16:00	参观北京科学中心 科技文化教育
参观日	09:00 — 11:30	中国劳动关系学院研学之旅 聆听“五育”研学思政课
	13:00 — 16:00	参观圆明园 爱国主义教育
参观日	09:00 — 10:00	参观长辛店二七纪念馆 党的工运史教育
	10:30 — 12:00	参观卢沟桥 爱国主义教育
	13:00 — 16:00	参观中国人民抗日战争纪念馆 爱国主义教育
第七天	全天	离京

备选行程

参观中国航天博物馆
国防科普教育

参观天坛
历史文化教育

参观北京园博园
新时代生态文明教育

安全出行小锦囊

1. 尊重带队老师，遵循指挥、有序游览。过马路时紧跟队伍，注意红绿灯，千万不要只顾着玩电子产品或拍照哦！

2. 牢记住宿楼层、房间号以及大巴车的车牌号，入住酒店时，及时了解消防逃生通道位置。

3. 切勿脱离团队单独行动，如有特殊情况（如去卫生间），一定要提前向老师汇报，遇到困难及时寻求老师帮助。

4. 旅途过程中不与陌生人接触，不接受陌生人给的食物，时刻注意人身安全。

5. 随身携带营员证，上面有老师电话，若发生掉队或找不到大部队等情况，及时跟老师联系，或直接求助于身边的警察、景点工作人员。

6.上下车时要遵守秩序，切勿推挤。牢记上车后的第一件事情就是系好安全带！行驶中切勿嬉戏打闹，不大声喧哗。

7.如有食物过敏史，要提前跟带队老师说哦！吃饭时，既要吃好、吃饱，又要注意节约、珍惜粮食。

8.在景点参观游览时，注意警示标识，遵守规定，不攀爬危险设施或进入未开放区域。

9.少吃冷饮、少喝冰水、不暴饮暴食，对卫生质量不达标的街边小吃果断说“NO”，要记得饭前便后洗手哦！

10.天气炎热，注意防中暑、防晒，注意及时补充水分，尽量穿透气性好的衣物、佩戴遮阳帽。

文明营员小贴士

1

服从带队老师安排，一切行动听从指挥，严格遵守夏令营纪律。

2

早上7点起床，晚上9点半休息，睡前配合老师上交手机。牢记活动时间，不迟到、不早退。

3

遵守公共秩序，在公共场所不打闹、不嬉戏，文明友善。

4

同伴之间互相帮助、团结协作，学会分享和谦让，共同营造和谐、温暖的夏令营氛围。

5

妥善保管好自己的物品，不随意放置贵重物品，在未经许可的情况下，不随意动用别人的物品。

6

严禁吸烟、喝酒，严禁进行各种带有赌博性质的活动，拒绝浏览不健康的书刊、网络资料。

7

男生女生不互相串门，不留宿非住宿人员，切勿脱离团队擅自外出。

8

积极利用夏令营的机会学习新知识、拓宽视野，保持开放和好奇的心态，保持学习的热情，主动了解新事物、高科技。

9

遵守社会公德和旅游文明行为规范，爱护公物，不破坏公共设施，不在建筑物、文物古迹上乱涂乱画，不折损景区绿植，不随地大小便。

10

地球是我们的家园，不乱扔垃圾，不随意踩踏公共绿化区域，爱护环境、节约资源，争做文明青少年！

带队老师须知

（一）活动前

1. 提前掌握安全保障及应急预案，全面了解营员健康状况（如过敏史、慢性病）、心理特点及特殊需求。

2. 建立营员分组管理机制，选拔责任心强的组长和小组长，指导其协助点名、分发物资等任务，制定组内纪律规范，掌握组员联系方式。

3. 检查携带物资（急救包、通信设备等），确保药品在有效期内、设备电量充足。

4. 参与舆情应对模拟演练，熟悉上报流程与沟通技巧。

5. 提前熟悉当日活动路线、活动场地，提前确认消防通道、医疗点位置及应急逃生路线。

（二）活动中

1. 定时点名：晨起/晚寝；定点巡查：卫生间/景区出入口/车辆停放区。

2. 建立情绪管理“四早”机制。早发现：观察异常言行；早介入：开展心理疏导；早报告：异常情况报告；早处置：心理情绪疏导。

3. 实施安全教育“三个一”。每日一次安全提醒；每项活动前一次风险告知；每个环节一次行为规范强调。

4. 制止营员乱涂乱画、追逐打闹等行为，教育其遵守公共场所礼仪（如轻声交谈、有序排队），维护工会夏令营团体形象。

5. 对营员提交的照片、视频和作文进行线上审核，严格把关、仔细筛选，确保影像、文字内容健康向上，弘扬主旋律、传播正能量。

志愿者须知

（一）活动前

1. 完成基础培训，确保熟知活动流程及注意事项。

2. 签订《安全服务承诺书》，明确禁止行为。

3. 参与舆情应对模拟演练，掌握信息上报流程与沟通技巧。

4. 根据活动要求自备个人物品（如防晒用品、水杯、记录文具），及时关注天气预警、交通状况等动态信息。

5. 提前熟悉场地路线，与带队老师沟通确认好集合点位置。

（二）活动中

1. 志愿服务期间禁止使用手机娱乐，需全程保持专注。

2. 巡区域：每日覆盖责任区；巡设施：每日检查重点设备；巡人员：实时关注特殊群体；报平安：每日报告安全状况；报异常：及时上报突发情况；报建议：定期提交改进意见。

3. 重点时段（早晚间）双人值守，重点区域（水域/高地）设置警戒线，重点人员实施结对看护。

4. 遇突发情况（如人员受伤、设备故障）立即启动预案，优先保障人员安全并同步上报带队老师。

5. 在活动过程中拍摄照片、视频，及时上传到“职工之家”APP中，帮助营员们留下美好的夏令营回忆，也让自己的志愿经历更加丰富多彩。

夏令营迎来了这么多的小伙伴，为了让大家能够安全、快乐地度过7天行程，我们鼓励大家积极参与，争当夏令营组长和小组长，肩负起协助带队老师管理队伍的职责，踏上超越自我的成长之路！我们将每20名小伙伴组成1组，下设4个小组（每组5人），由带队老师推荐并选拔4名小组长及1名组长。

如何成为组长？

符合以下5条，即可举手争当夏令营组长！

1 品德好，思想正。

2 责任心强，主动关心其他小伙伴。

3 擅长组织大家一起活动，遇到突发情况，知道如何处理。

4 心态稳定，遇事沉着冷静，抗压能力强。

5 经过带队老师的认真评估，认为你符合全部条件，就能当选啦！期待在你的带领下，小伙伴们都能收获满满。

组长要做什么事？

1

走路、排队、游览时，组长要清点本组组员人数，督促大家跟紧队伍别乱跑，确保活动全程无脱队现象，发现安全隐患立即向带队老师报告。

2

维持小组秩序，制止打闹、离队等危险行为，如发生危险情况，及时呼叫带队老师。

3

关注小伙伴们的身体状况，若有人出现突发状况，第一时间联系带队老师。

4

提醒小伙伴们在活动过程中拍照留念、撰写文章，记录下珍贵瞬间。

5

带动大家活跃起来，鼓励小伙伴们一起交流，如果组员之间闹矛盾了，组长要帮忙解决好哦！

成为小组长的秘诀？

1 性格开朗外向，喜欢与老师、同伴们交流。

2 责任心强，愿意为集体贡献力量！

3 团结友爱，主动关心其他小伙伴。

4 勇于担当，遇到困难不退缩。

5 经过带队老师的认真评估，认为你符合全部条件，就能当选啦，相信你一定可以带领组员们在夏令营活动中乘风破浪！

小组长的任务

1

准确传递老师通知，每日活动前提醒组员们准备好必备物品（如水壶、防晒装备等）。

2

督促组员们遵守活动规则与时间安排，提醒大家注意安全，一起行动。

3

协助组长督促组员们及时拍照、拍视频、写下收获感想，并提醒大家及时上传哦！

4

经常组织大家聊天谈心，鼓励大家交流游览趣事、分享学习收获。

5

多多联系、关心同组小伙伴，主动关注组员情绪，营造积极向上的团队氛围。

成为组长，我能收获什么？

在夏令营活动尾声，我们会根据每个组的表现，选出“优秀小组”“卓越组长”和“卓越小组长”，获奖组长会获得荣誉证书，优秀小组的每位成员，也都能拿到荣誉证书哦。

当然，除了获得的荣誉，成为组长，意味着你将会锻造自身领导力、承担责任、突破舒适圈，在7天的活动中收获宝贵的成长经验，在这个夏天，书写你自己的闪亮篇章。快点行动起来吧！

作为组员，我们也肩负着拍照、拍视频、写作文这几个重任呢！拍照记录，才能留下珍贵瞬间。在此次夏令营活动中，我们鼓励大家拿起手机，多多拍照留念。打开相机，拍下宏伟的故宫宫殿、巍峨的万里长城、珍贵的工运历史展品、令人惊叹的高科技模型，以及小伙伴们开心的笑脸。

拍完照片或视频后，就可以直接上传到“职工之家”APP中啦（如果不知道怎么上传，可以询问带队老师或者志愿者哦）。照片或视频会经过老师的审核把关，之后，大家就能在APP上看到咱们在夏令营的精彩瞬间了！

组员小任务

② 用文字留下珍贵回忆

照片和视频记录的是画面，而文字，却能捕捉心灵深处的声音。那些站在古迹前的震撼与思考，那份与伙伴们共同参加活动的雀跃与默契，那种接触到新知识、新科技的兴奋与好奇……这些细腻的感受、涌动的思绪、瞬间的灵感，都值得你用文字去描绘、去珍藏、去分享。

你写下的文字同样可以分享在“职工之家”APP上面，让老师、家长和伙伴们，通过你真挚的笔触，更深入地感受这次难忘的旅程。快点行动起来，多多记录吧！

夏令营结束之后，如果你还有更多想说的话，可以把文章发送到我们的官方邮箱 ghxly@cpits.com，期待你的来信！

2

打卡首都北京

（按活动行程排序）

天安门广场

天安门广场位于北京市中心，南北长880米，东西宽500米，面积达44万平方米，是世界上最大的城市广场，可容纳100万人举行盛大集会。广场内沿北京中轴线由北向南依次矗立着天安门城楼、国旗杆、人民英雄纪念碑、毛主席纪念堂和正阳门，天安门城楼两侧是劳动人民文化宫和中山公园。

1949年10月1日，毛泽东主席在天安门城楼向全世界庄严宣告："中华人民共和国中央人民政府已于本日成立了！"天安门从此成为中华人民共和国的象征。天安门城楼气势宏大，是中国传统建筑艺术的代表作。

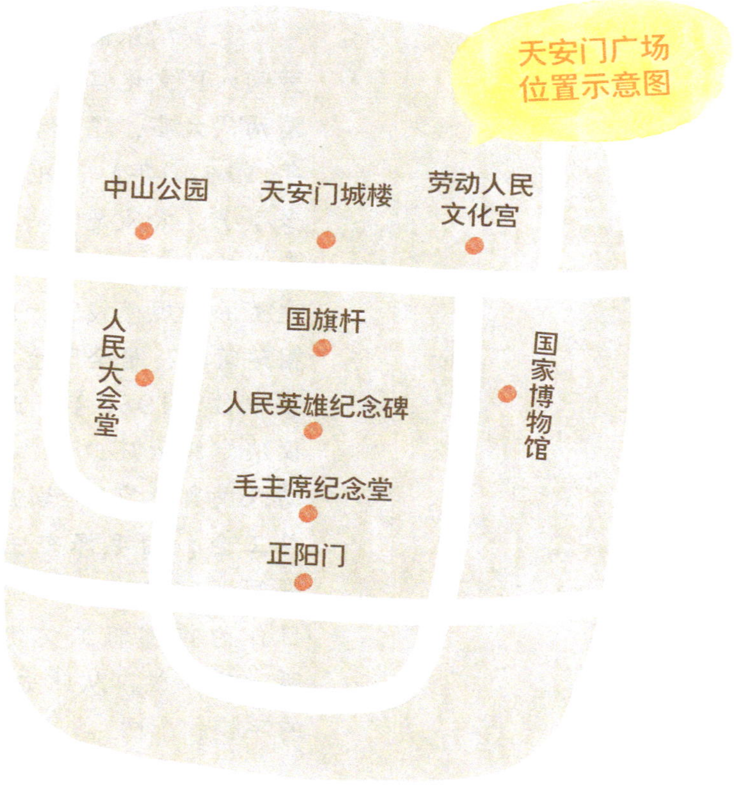

从天安门的建筑细节，也能看出这座建筑承载着中华民族丰富的历史和文化。比如，天安门城楼前、金水桥东西两侧，有一对高大威严的汉白玉华表，这对华表已有近600年历史。华表挺拔笔直的石柱上雕有蟠龙流云纹饰，柱顶承露盘中，蹲坐着一只名为“朝天犼”的神兽，是诚实守信的化身。民间传说中的朝天犼很有灵性，总是密切注视着帝王的行踪，并时时加以劝诫。如果帝王久居深宫，这时天安门里面朝向皇宫的神兽，似乎会说：“国君呀，别沉湎在皇宫里寻欢作乐，应该出去了解世风、体察民情！”人们便把这对神兽叫作“望君出”或“望帝出”。

天安门东侧坐落着北京市劳动人民文化宫，其前身是明清两代太庙，建于明永乐十八年（1420年），距今有600多年了。太庙是明清两代皇帝祭祖的地方，也是中国现存较完整的、规模较宏大的皇家祭祖建筑群，是全国重点文物保护单位。1950年，政务院会议决定将太庙改为“北京市劳动人民文化宫”，划归北京市总工会，由毛泽东主席亲自题写了宫名，并于当年5月1日作为首都职工文化活动场所对外开放，从此成为“职工的学校和乐园”。

北京市劳动人民文化宫多次承办重大庆祝活动，历届党和国家领导人都曾到文化宫和广大群众一起联欢。“昔为帝王庙，今作文化宫”，这句话表现了太庙功能的变迁。它从曾经的皇家园林，转变为人民的乐园，成为展示劳动人民文化成就的重要窗口。

习近平总书记指出，我们要特别重视挖掘中华五千年文明中的精华，把弘扬优秀传统文化同马克思主义立场观点方法结合起来，坚定不移走中国特色社会主义道路。可以说，天安门广场见证了近代中国把优秀传统文化同马克思主义结合起来的历史道路。

毛主席纪念堂

党和国家最高纪念堂，
一代伟人毛泽东主席安息的地方。

中国国家博物馆

国家文化客厅，留存民族集体记忆、
传承国家文化基因、促进文明交流互鉴。

人民大会堂

党、国家和各人民团体举行
政治活动的重要场所，
入选“首批中国20世纪建筑遗产”名录。

天安门广场还承载着中国人民不屈不挠的革命精神和大无畏的英雄气概，五四运动、一二·九运动、五·二〇运动都在这里为中国现代革命史留下了浓重的色彩。工人阶级和广大人民群众在天安门广场见证了历史上的那些重要时刻。1919年五四运动爆发后，各地工人纷纷罢工声援学生，罢工、罢课、罢市迅速扩展到20多个省、100多个城市，中国工人阶级开始以独立的姿态登上政治舞台。

新中国成立后，天安门广场同样见证了工人阶级的奋斗和光荣。2021年7月1日上午，庆祝中国共产党成立100周年大会在北京天安门广场隆重举行。在花团锦簇的观礼现场，有一个非常引人瞩目的光荣群体，他们就是来自全国各条战线的劳模党员和先进人物。他们代表全国亿万职工和奋战在各条战线的党员先进，受邀参加盛会，见证这一历史性的荣耀时刻。

平凡的劳动者们能够参加盛会，这展现了国家对工人阶级的尊重和表彰，集中体现和广泛弘扬了劳模精神、劳动精神、工匠精神。如今，劳模精神、劳动精神、工匠精神也已经成为鼓舞各行各业劳动者努力奋斗、开创美好生活的不竭动力和精神源泉。

故宫

穿过天安门城楼，就能进入故宫。故宫位于北京市中心，也就是过去的紫禁城。这里曾住过24个皇帝，是明清两代（1368年—1911年）的皇宫，现在则是“故宫博物院”。故宫被誉为世界五大宫之一，其他四座包括法国凡尔赛宫、英国白金汉宫、美国白宫和俄罗斯克里姆林宫。1987年，故宫被联合国教科文组织列入“世界遗产名录”。

故宫以太和殿、中和殿和保和殿为中心，占地面积100余万平方米，保存古建筑约9000间。故宫不是一天建成的，它于明永乐四年（1406年）开始建设，直到明永乐十八年（1420年）建成，历时14年。这背后凝聚着无数工匠和劳动人民的智慧和汗水。

故宫的每一处建筑细节里都藏着匠心，比如在故宫的许多宫殿前，常常能看到一些大水缸。这些水缸被称为“吉祥缸”，又名“门海”，意为门前的大海，有以水克火的意思。因此，这些水缸不仅是装饰，更像是古代的“消防栓”。据史料记载，清代中期，故宫内共有大小吉祥缸308口，而今却仅存100余口了。

吉祥缸的储水量非常惊人，所有的缸都加满水，就像在故宫里放置了一座座小水库。神奇的是，这些水缸里的水在冬天从不结冰。古人是如何防止水在严寒的冬季结冰的呢？答案是在水缸下方加装石座，然后在石座内燃烧炭火。每到寒冷的冬季，太监和宫女们都会在石座里放上炭火，让水缸内的水不会冻结，从而保证一旦发生火灾，能迅速扑灭火源。这一巧妙的设计，体现了古人对于安全的重视，以及他们的智慧和细心。

在古代，皇帝和达官显贵能够居住在像故宫这样金碧辉煌的宫殿官邸中，但是劳动人民有时连一间遮风挡雨的房间都没有。大诗人杜甫曾发出感叹：安得广厦千万间，大庇天下寒士俱欢颜！而在现代社会，劳动人民有了自己的组织，这样的穷苦日子就一去不复返了。工会是劳动人民的重要组织，它是广大劳动人民面对困难时的坚强后盾。

太和殿

服务劳动者是工会的一项重要职能。在城市里，我们随处可见外卖员、快递员、环卫工人等户外劳动者。夏有高温酷暑、冬有严寒风雪，给劳动者的工作和生活带来很大的困难。工会为了能让他们在城里有歇脚休息的地方，建设了工会驿站。驿站里夏可纳凉、冬可取暖，渴的时候能喝水，饿的时候还能热饭，有的驿站还配备了图书、药品等物资和服务资源，让普通劳动者们告别了风餐露宿。到2024年底，全国已建成工会驿站18.61万个，覆盖服务职工群众1.93亿人，日服务230.97万人次，全年累计服务职工群众约8亿人次。其中，建成智能化驿站1.18万个、24小时驿站1.21万个。

习近平总书记指出，党和政府的一切工作，都是为了老百姓过上更加幸福的生活。工会作为党联系职工群众的桥梁和纽带，所做的这些工作也正是习近平总书记这句话的具体体现。

中国工人运动历史和发展成就展

习近平总书记强调，人民创造历史，劳动开创未来。2025年是一个特殊的年份，是中华全国总工会成立100周年。为了迎接这个重要的时刻，中华全国总工会设立了中国工人运动历史和发展成就展，展览位于北京市西城区复兴门外大街中国职工之家，旨在全面展现党领导的中国工人运动走过的波澜壮阔的百年历程，回顾总结中国工人运动取得的辉煌成就和积累的宝贵经验，生动展示中国工人运动在不同历史时期作出的杰出贡献。

中华全国总工会大楼

步入展厅，迎面能看到毛泽东主席题写的“中华全国总工会”匾额，这是本次展览的“镇展之宝”。1949年3月，毛泽东主席在香山双清别墅写下“中华全国总工会”题词，沈阳第一机器厂的工人在半个月的时间内，就把这块重达一吨的牌匾制作完成。1949年“五一”国际劳动节前夕，匾额悬挂在中华全国总工会机关大楼前，成为中华全国总工会的重要标识。

展览主要分为4个部分，第一部分展示了1840年—1949年中国工人阶级的奋斗历程，特别是1921年后在中国共产党领导下为争取民族独立和人民解放而奋斗的苦难辉煌历程；第二部分展示了新中国成立后，工人阶级在党和工会组织领导下积极投身保卫国家政权、参加抗美援朝，全力推进国家工业化建设的动人画卷；第三部分展示了改革开放之后，中国工人阶级勇当改革开放先锋的奋斗情形；第四部分展示了党的十八大以来，中国工人阶级遵循习近平总书记的嘱托，为全面推进中华民族伟大复兴的中国梦而奋斗的时代风采。除此之外，展览还设有工会外事工作成就专题展区，展示中国工会与世界各国工会组织、国际和区域性工会组织的友好交往关系，以及数智化展厅，全面展现工会数智化建设的丰硕成果。

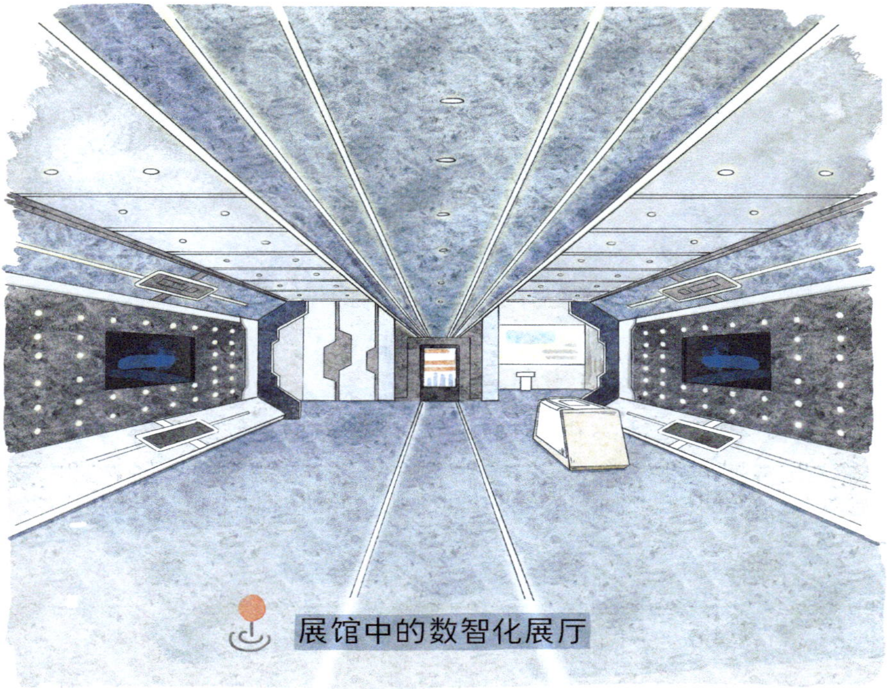

展馆中的数智化展厅

展览展示了诸多珍贵的文物：如《中国共产党第一个决议》俄文版文件，其中第一条就鲜明提出“本党的基本任务是成立产业工会”；中国共产党早期领导工人运动的纲领性文件《中国劳动组合书记部宣言》；还有长辛店二七罢工期间使用的汽笛、京汉铁路工人罢工领导人林祥谦烈士使用的怀表、省港大罢工期间各界拥护罢工的纪念章……这些文物再现了百年波澜壮阔的中国工运史。

林祥谦烈士的怀表

习近平总书记指出，劳动模范是民族的精英、人民的楷模，是共和国的功臣。展览中有许多与劳模相关的展品：抗战时期的优秀劳模代表赵占魁的雕塑；我国第一位女拖拉机手、第三套人民币壹元券上的形象原型梁军的雕塑；有中国“保尔·柯察金”之称的吴运铎的自传体小说《把一切献给党》，这本书迄今已累计发行逾千万册，鼓舞了一代又一代中国人。

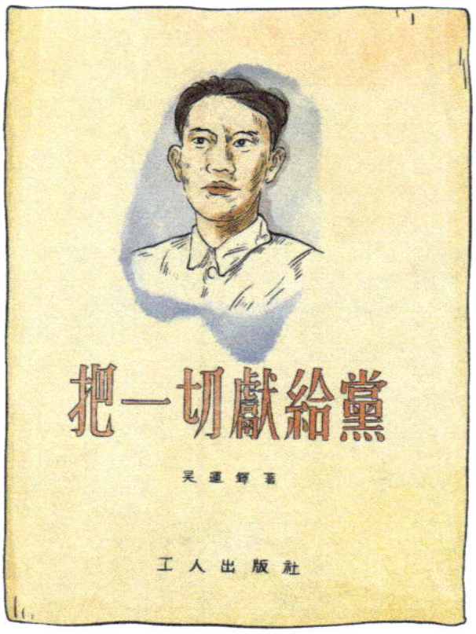

第一位女拖拉机手梁军

党的十八大以来，以习近平同志为核心的党中央始终坚持全心全意依靠工人阶级的方针，关心关爱工人阶级和广大劳动群众，为推进党的工运事业和工会工作领航定向。在展览

中，可以看到习近平总书记关心看望各地职工群众、与职工朋友们面对面话家常的照片。习近平总书记的足迹遍布大江南北，彰显了大党大国领袖对工人阶级的深厚情意和对工会工作的殷切关怀。

历史是过去的现实，现实是未来的历史。中国工人运动历史和发展成就展展现了中国工人阶级从觉醒到崛起、从抗争到创造的壮阔历程，能让我们更深刻地学习了解党领导下的中国工人运动百年历史，充分汲取工人阶级的奋斗精神，领悟劳动创造价值的真谛，感受工匠精神的时代传承。作为一名青少年，我们要把从展览中获得的精神动力转化成不断前行的力量，以梦为马，不负韶华，用汗水创造属于自己的精彩人生，为祖国的繁荣添砖加瓦。

中国共产党历史展览馆

中国共产党历史展览馆位于北京市朝阳区北辰东路9号，总建筑面积14.7万平方米，是一座社会科学类党史专题纪念馆。展览馆于2018年9月10日开工建设，2021年5月5日竣工，2021年6月18日开馆，是北京近年来新增的一座重要展览馆，也是“全国爱国主义教育示范基地”。

中国共产党历史展览馆按照中国人民站起来、富起来、强起来的历史脉络，共分为4个部分，全方位、全过程、全景式、史诗般宣传展示中国共产党百年来的光辉历史。展览馆整体为“工”字形建筑，这一设计寓意深刻——中国共产党是中国工人阶级的先锋队，同时是中国人民和中华民族的先锋队。建筑外观采用传统柱廊式结构，东西两侧共立有28根圆柱，代表着中国共产党从1921年成立到1949年新中国成立经历的28年浴血奋战。方正端庄的造型融合了中华传统建筑的精髓。

展览馆有地上7层，地下3层，其中地上1至3层为党史基本陈列展厅，地上4层和地下1层为专题展厅。馆内基本陈列以“不忘初心、牢记使命”为主题，通过2600余幅图片、3500多套文物实物，全景式展现党的百年光辉历史。展览分为4个篇章，脉络清晰易懂：“建立中国共产党　夺取新民主主义革命伟大胜利”“成立中华人民共和国　进行社会主义革命和建设”“实行改革开放　开创和发展中国特色社会主义”“推进中国特色社会主义进入新时代　全面建成小康社会　开启全面建设社会主义现代化国家新征程”。

展览馆是传承红色基因的生动课堂。其间有众多珍贵展品，如中共一大会址复原场景、开国大典影像资料、抗美援朝战士的家书等，这些实物让历史“活”了起来。展览馆还通过沉浸式体验设计强化教育功能，通过数字技术增强互动：运用VR技术重现长征场景，让观众“亲历”飞夺泸定桥的惊险时刻；在主题影厅，循环播放《开国大典》《改革开放40年》等纪录片；复原西柏坡旧址、小岗村“大包干”茅草屋等场景，再现历史转折点。

西柏坡旧址

展览馆的设计能让我们更直观地理解“红色政权来之不易、中国特色社会主义来之不易”的深刻内涵。此外，展馆3层设有主题邮局，可加盖特色纪念邮戳，4层观景台还能远眺奥林匹克公园全景。

中国共产党历史展览馆不仅记录着过去，更昭示着未来。正如展馆结束语所言：“历史是最好的教科书。”在这里，每个人都能找到中国共产党为什么“能”、马克思主义为什么“行”、中国特色社会主义为什么“好”的生动答案。无论是想系统学习党史，还是想接受红色教育，展览馆都是我们不容错过的精神殿堂。

荣宝斋

荣宝斋前身为“松竹斋”，始建于清康熙十一年（1672年），1894年更名为“荣宝斋”。荣宝斋坐落于北京市和平门外琉璃厂西街，是一家有350多年历史的中华老字号，最初以经营文房四宝（笔墨纸砚）闻名。现在，荣宝斋已经逐渐发展成为集画廊、拍卖、出版、展览、教育等于一体的综合性文化机构。

说起荣宝斋的成立，还有一段佳话。在清朝末年北京的琉璃厂街上，南纸店和旧书肆林立，其中一家叫松竹斋的老店特别受人欢迎，这家店主要卖文房四宝，因为品质好、价格公道，特别受文人学子们的喜欢。然而，随着鸦片战争的爆发，时局动荡不安，松竹斋的生意也日渐萧条。1894年，松竹斋的主人为了挽救生意，请来了当时琉璃厂的能人庄虎臣当掌柜。庄虎臣是个有胆识的人，他决定破旧立新。他取“以文会友，荣名为宝”的雅意，设置松竹斋连号，取名为“荣宝斋”。他还请来了清同治十三年（1874年）的状元陆润庠题写了匾额。从此，荣宝斋这块金字招牌在中华艺坛上熠熠生辉。

在荣宝斋的众多绝技中，木版水印技艺可以称得上是最为出色，其制作流程包含勾、刻、印，三位一体，缺一不可。有的传承人多年来专攻勾描，一做便是40多年。印刷时，要求技师能准确把握水印工具的快慢节奏和力度变化，同时还要控制周围的湿度，以确保水印作品的质量水平。

1956年，一部使用进口彩色胶片拍摄的影片《荣宝斋的木版水印画》将镜头对准了20世纪50年代的荣宝斋木版水印车间，详细介绍了从勾描、刻版到印刷的工艺制作过程，影片展现出的精湛技艺令人叹为观止。许多外国朋友感叹道："看荣宝斋的木版水印画，能够同时欣赏中国的两种艺术，一种是优秀的绘画艺术，一种是优秀的印刷艺术。"荣宝斋的木版水印画传承了中国千年来的木版画优秀传统，发扬了明清两朝木刻彩印的技术。

木版水印其实是一种通俗叫法，它的专业学名是木版饾版水印，属于饾版印刷术的一种。饾版印刷术是中国古代的重要发明，其历史可追溯至隋唐时期的雕版印刷术。明代中晚期商品经济繁荣，文人雅士对书画、笺谱的审美需求提升，推动印刷技术革新，饾版印刷技术开始出现。历经清代的传承与演变，至近代随着西方胶印技术的传入，传统饾版因成本高、耗时长而慢慢淡出大众的视野。而荣宝斋的木版水印技艺正是这一传统技术的延续与创新，尤其在20世纪50年代通过技术突破实现了从信笺印刷到大幅书画复制的转型，成为国家级非物质文化遗产。

习近平总书记指出，中华文明延续着我们国家和民族的精神血脉，既需要薪火相传、代代守护，也需要与时俱进、推陈出新。要加强对中华优秀传统文化的挖掘和阐发，使中华民族最基本的文化基因与当代文化相适应、与现代社会相协调，把跨越时空、超越国界、富有永恒魅力、具有当代价值的文化精神弘扬起来。荣宝斋的发展，正是对习近平总书记这段话的生动诠释，也启示着我们要不断推动中华优秀传统文化创造性转化、创新性发展，以时代精神激活中华优秀传统文化的生命力。

中国书店

中国书店成立于1952年，是新中国成立后的第一家国有书店。历经70余年的发展，中国书店已不仅是一家书店，更成为集出版、印刷、文物鉴定、拍卖、古籍整理与修复、文化沙龙等于一体的综合性文化企业。秉承“传承文明，服务社会”的宗旨，中国书店积极承担社会和文化责任，70多年来，中国书店收购古旧书刊数千万册，不仅服务于广大社会读者和学者，更承担了为国家图书馆、故宫博物院等公藏机构征集、补充稀见古籍善本的工作。

古籍是中华文化传承不息的关键载体。在本次夏令营活动期间，坐落于北京市西城区琉璃厂东街115号的中国书店特设“中华典籍文化展”，这是国内第一次为少年儿童举办的典籍文化专展。在展览中，大家能看到耳熟能详的《史记》《红楼梦》《三国演义》《本草纲目》等著作，还有隋代的“敦煌写经”、宋代的《说文解字》等珍贵文献，共计100件典籍实物，可直观了解到汉字字体的演变过程，感受中国文字以甲骨文为起点，历经金文、小篆至隶书、楷书的变化，从商周占卜刻辞到秦代“书同文”，形成统一规范。

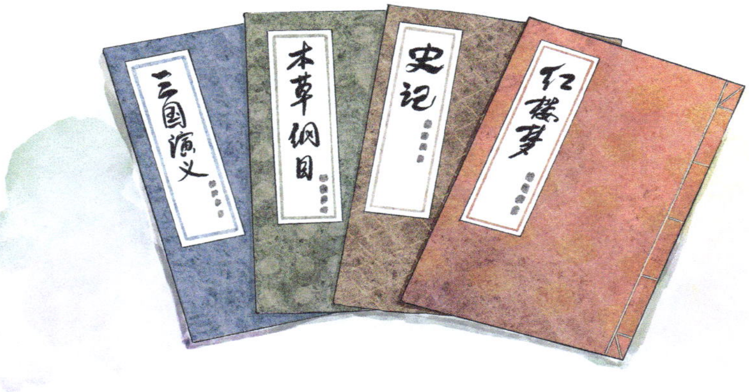

这些典籍有着不同的载体，通过观展，我们可以领略文献载体从甲骨、青铜、竹简再到纸张的变迁过程。而在这些变迁的背后，蕴藏着中华民族的智慧与劳动结晶：蔡伦的造纸术让知识更易传播，雕版印刷术与活字印刷术让书籍批量生产成为可能。除此之外，我们还能在展览中领略到不同时期的书籍装帧工艺，卷轴

装、经折装、蝴蝶装、包背装、线装……当我们在泛黄的书页上看到这些穿越时光的装订痕迹时，感受到的正是文明传承的DNA。

说到印刷术，我国印刷术的演进可以看作一部技术创新与文化传播交织的史诗。东汉末年出现了摹印和拓印石碑的方法，为雕版印刷奠定了基础。唐朝时期出现了雕版印刷术，唐代（868年）的《金刚经》是现存最早的标有年代的雕版印刷品。后来经宋代毕昇发展、完善，活字印刷术诞生了，这是印刷史上一次伟大的技术革命，促进了文化传播与知识普及，推动了人类文明的进步与发展。

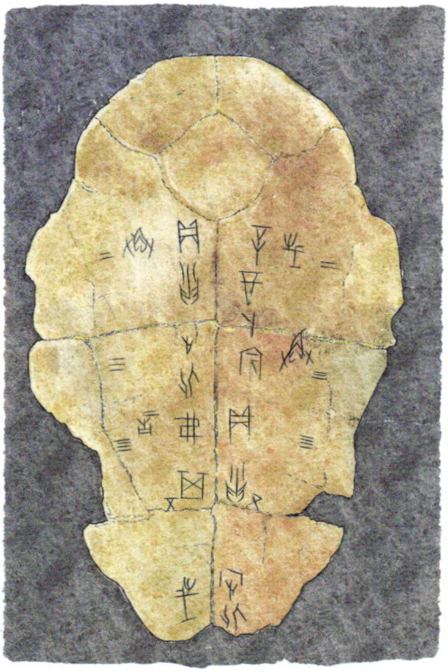

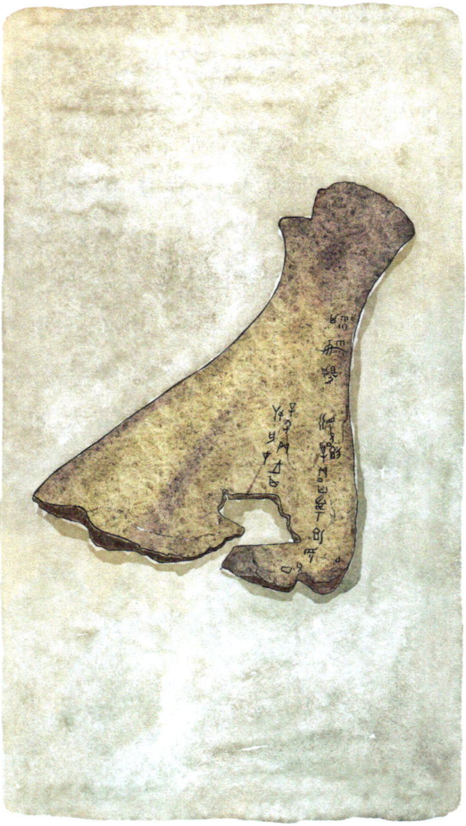

绵延不断的典籍传承史，就是一部中华文明自我更新的精神史诗。“中华典籍文化展”展出的典籍囊括了从甲骨刻画到数字印刷的形式，其书写、印刷方式与物质载体虽然不断变化，但始终承载着文明的核心密码——既守护着文化根脉的稳定性，又保持着与时俱进的创造力，是我们文明传承中的宝贵财富。

除了文化展览，中国书店在古籍保护与修复领域也有着显著的成就，汇聚了北京上百家古旧书店特别是古籍修复方面的专业人才，采用传统与现代相结合的技术手段，对受损的古籍进行精心修复，使这些珍贵的文化遗产得以延续。这里面，精益求精、一丝不苟的工匠精神不可或缺。

近年来，中国书店还与工会紧密携手，共同致力于对传统文化的传承与弘扬。双方通过联合举办一系列富有教育意义的文化活动，如书法讲座、古籍修复演示等，有效提升了公众对传统工艺的认知和参与度。同时，双方还在人才培养方面展开了深入合作，共同培育了一批具有传统工艺技能和创新精神的优秀人才，为传统文化的保护与发展注入了新血液。

长城

长城，又叫作万里长城，是古代的军事防御工事，主要作用是防御敌方骑兵的行动。长城可不是一道单纯孤立的城墙，而是以城墙为主体，同大量的城、障、亭、标相结合的防御体系。

长城修筑的历史可追溯到西周时期，当时在首都镐京（今陕西西安），发生了著名的典故“烽火戏诸侯”。春秋战国时期，列国争霸，长城修筑进入第一个高潮。秦统一天下后，秦始皇开始连接和修缮战国长城，开始有了“万里长城”的称号。明朝是最后一个大修长城的朝代，现在人们所看到的长城多是那时修筑的。

长城主要分布在河北、北京、天津、山西、陕西、甘肃、内蒙古、黑龙江、吉林、辽宁、山东、河南、青海、宁夏、新疆这15个地区。据调查，明长城总长度为8851.8千米，秦汉及早期长城长度超过1万千米，总长超过2.1万千米。

说到长城，就不得不提八达岭长城。这段位于北京延庆的明长城，就像一条巨龙盘踞在险峻的燕山山脉上。在古代，它是守护京城的“北大门”，烽火台、箭垛、瞭望口一应俱全。八达岭长城为居庸关的重要前哨，古称“居庸之险不在关而在八达岭”。

爬上八达岭长城的陡坡，才能真正体会到什么叫“一夫当关”。八达岭长城城墙高6—9米，平面呈梯形，可以“五马并骑、十人并行”。最绝的是那些藏在山脊后的敌楼，八达岭长城共有敌楼43座，有巡逻放哨用的墙台，也有上、下两层的敌台，上层设有射击孔，可以称其为古代版的“立体防御系统”。

古人修建这么宏伟、庞大的工程，在缺少现代化机械的情况下成功建造，是一件多么了不起的事情！长城因而成为中华民族坚韧不拔、自强不息精神的象征。长城上的每一块石头，每一段城墙，都诉说着劳动人民的智慧和勤劳，正是劳动精神成就了历史上像长城这样的伟大工程。如今，新中国从一穷二白一步步走过，我们发

射了“两弹一星”，建造了三峡大坝，让蛟龙下海、嫦娥探月……这些伟大成绩、大国重器的背后，离不开劳模精神、劳动精神、工匠精神。劳动能够创造人间奇迹，小到个人成长，大到国家发展，可以说，奋斗永不过时，劳动的精神永不过时。

习近平总书记指出：“人世间的一切幸福都需要靠辛勤的劳动来创造。”“人世间的美好梦想，只有通过诚实劳动才能实现；发展中的各种难题，只有通过诚实劳动才能破解；生命里的一切辉煌，只有通过诚实劳动才能铸就。”这也启示我们，无论是国家的事业，还是自己的人生，想要有所成就，踏踏实实劳动、勤勤恳恳奋斗必不可少，对于广大青少年而言，从小树立正确的劳动观、奋斗观至关重要。

北京科学中心

北京科学中心地处北京市西城区北辰路9号院，是面向公众的大型科技场馆。中心以弘扬科学家精神、播撒科学的种子、培养面向未来的全球公民为使命，致力于讲好北京发展故事、讲好科技创新故事、讲好科技文化故事，打造科学家精神的殿堂。中心分为“生命、生活、生存”主题展、儿童乐园、特效影院、首都科技创新成果展、科学广场、临时展厅、科技教育专区等7个功能区。

北京科学中心是寓教于乐的科普教育基地。例如，在儿童乐园一层，一进来就是奇趣大自然展区，小游客们可以乘坐会晃动的“热气球”，体验俯视群山壮阔的感觉。随后，就会被大一片流水系统吸引，这里用色彩斑斓的材料展示了水漩涡、阿基米德螺旋、水轮、水闸等各种有趣的装置，还有“喊泉”——只要对着一个喇叭喊话，装置就会喷水，声音越大，喷出的水流就射得越高。

而让游客们驻足尝试大半天的水柱顶球——把小球放在一道喷射的水柱上，小球好像被水流吸住一样，随着喷水柱上升翻滚——则揭示了伯努利原理。这种实验需要一定的空间和复杂的工具，在学校的实验室或者家里都不太容易做到，而在科学中心，我们不仅能全方位地学习自然科学知识，还能对祖国的科技发展、伟大成就产生直观真切的体会。

了解一件件科技模型背后的故事，我们不难发现，科技发展离不开科学家，也离不开大国工匠。在许多重大科学成就的背后，都有着大国工匠的付出。比如，发动机是火箭的“心脏”，焊接技术则是发动机最核心的制造技术，影响着火箭发射的成败。毫米级的焊接宽度、毫秒级的焊接时间，是对焊工的极限挑战。

大国工匠、中华全国总工会兼职副主席、中国航天科技集团第一研究院首席技能专家高凤林，就攻克了多项火箭发动机焊接技术的世界级难关，填补了我国相关技术的空白，为探月、探火、空间站建设等国家重大任务的顺利实施作出了突出贡献。

大国工匠从技术工人中来。为了培养更多有理想守信念、懂技术会创新、敢担当讲奉献的技术工人，中华全国总工会正在按照党中央部署，深入推进产业工人队伍建设改革这项重要工作，相信未来一定会有越来越多的大国工匠涌现，帮助我国实现越来越多的科技成就。

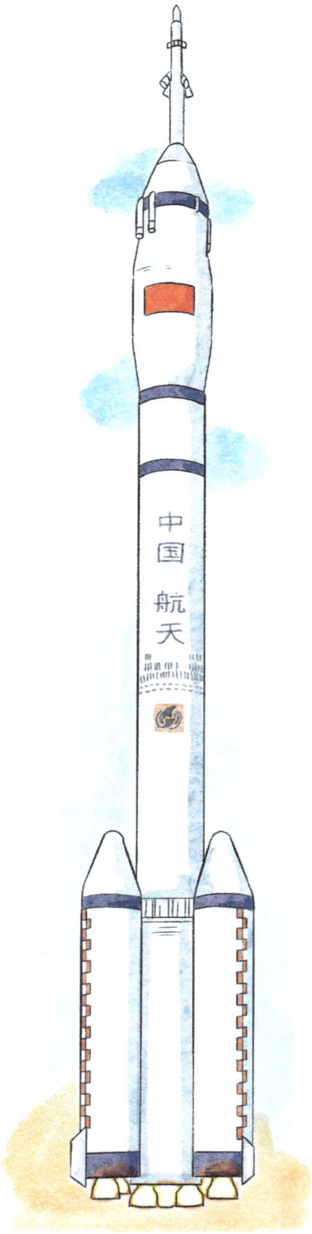

习近平总书记曾强调，当今世界的竞争说到底是人才竞争、教育竞争。要更加重视人才自主培养，努力造就一批具有世界影响力的顶尖科技人才，稳定支持一批创新团队，培养更多高素质技术技能人才、能工巧匠、大国工匠。而像北京科学中心这样的场所，就是未来科学家、高素质技术技能人才、能工巧匠、大国工匠成长起步的地方，我们应该多多走进这样的地方，多和科学“交朋友”。

北京科学中心的特效影院

中国劳动关系学院

在北京众多的高等院校中，中国劳动关系学院是一家“独特”的大学。它是中华全国总工会直属的唯一高校，由中华全国总工会和教育部共建，前身可以追溯至党于1939年3月成立的延安工人学校，与中国人民大学等来自延安的高校同根同源。

中国劳动关系学院始终高举“工会”和“劳动”两面旗帜，秉持“五育并举”的育人理念，以劳育为特色，创新融合“德育铸魂、智育启慧、体育强身、美育润心、劳育砺志”，帮助学生增强体质、健全人格、磨练意志，引导学生成为德智体美劳全面发展的社会主义建设者和接班人。

工会的大学要为推动工会事业挺膺担当，劳动的大学要为培育劳动英才奋发有为。作为一所以“劳动关系”命名的高等院校，中国劳动关系学院不仅承担普通本科教育、研究生教育，还肩负着为党和国家培养劳动模范、大国工匠、工会干部等多种类型的人才培养使命。

说起这所学校，就不得不说说它的劳模本科班。学校自1992年开始开展劳模本科教育，为劳动英模、大国工匠提供深造机会和成长空间，累计培养劳模学生1051名，其中全国劳动模范305人，全国五一劳动奖章获得者306人，全国先进工作者14人。2018年“五一”国际劳动节前夕，习近平总书记给劳模本科班学员亲切回信，勉励大家珍惜荣誉、努力学习，继续拼搏、再创佳绩，激励广大劳动群众争做新时代的奋斗者。

在此次研学活动中，中国劳动关系学院和中华全国总工会文工团为大家准备了丰富多彩的研学思政课。观看精彩的宣传片，进一步学习了解习近平新时代中国特色社会主义思想的深刻内涵；聆听劳动模范、大国工匠分享奋斗经历与人生感悟，树立劳动最光荣、劳动最崇高、劳动最伟大、劳动最美丽的理想信念；欣赏具备工会特色的红色主题演出，充分感受党和国家对职工群众和少年儿童的关心关怀。

现场的精彩演出由中华全国总工会文工团精心创编。文工团成立于1956年，其核心使命是“服务职工、服务工会、服务工运事业”。文工团里的演员们可不是普通明星，他们的“粉丝”是千千万万的普通劳动者，他们的舞台不只在华丽的剧场，更在工厂车间、建筑工地、油田矿井、边疆哨所……哪里有辛勤工作的劳动者，哪

里就是他们的大舞台。文工团用最精彩的演出，给劳动者们加油打气，传递着正能量。

2025年4月28日，习近平总书记在中华全国总工会成立100周年暨全国劳动模范和先进工作者表彰大会上发表重要讲话，强调要深入践行社会主义核心价值观，大力弘扬劳模精神、劳动精神、工匠精神，指出要营造尊重劳动、尊重知识、尊重人才、尊重创造的良好氛围，激励全体人民通过辛勤劳动、诚实劳动、创造性劳动实现对美好生活的向往。

作为一名新时代的青少年，我们应该牢牢遵循着习近平总书记的要求和指示，好好学习、勤奋劳动，争做爱党爱国、自立自强、奋发向上的新时代好少年，努力成长为堪当强国建设、民族复兴大任的栋梁之材。

圆明园

圆明园坐落在北京西北郊，与颐和园相邻，由圆明园、长春园和绮春园组成，也叫圆明三园。圆明园是清朝著名的皇家园林之一，占地350多公顷，其中水面面积约140公顷，有“万园之园”之称。清朝时期，皇室每到盛夏时节都会来这里理政，故圆明园也称“夏宫”。

圆明园不仅是皇家苑囿，更是承载着财富宝库与精神圣地双重意义的古老园林。在清康熙二十年（1681年）平定三藩之乱后，国家政局逐渐稳定，社会经济得到显著发展，为皇家生活带来了更高的享受条件，康熙帝便成为首位营造这座皇家园林的君主。皇四子胤禛，也就是后来的雍正帝，继位后进行扩建。

花园主体工程完工后，康熙帝御题“圆明园”匾额，自此，这座园林便有了正式且响亮的名字。乾隆帝在位60年间，集中了全国的能工巧匠，对圆明园进行了更大规模的扩建。直至清末咸丰年间，清王朝已是日薄西山，但在圆明园被焚的前一年，皇室还对其进行了局部改建。

圆明园历经一个半世纪的精心营造，凝聚了清朝数代君主的心血与智慧。它象征着帝王的志向，在康雍乾盛世辉煌的推动下，更是会聚了全国的能工巧匠，以各地的奇珍异宝为装点。圆明园不仅是一座园林，更是中华民族智慧与工匠精神的结晶。从各种记述中，我们能够感受和想象这座园林艺术巅峰之作的宏伟壮丽，更能感受到劳动人民对美的追求和对工艺的极致打磨。

然而，这座“万园之园”历经劫难，如今只剩遗迹。圆明园的首次劫难始于1860年英法联军的暴行。英军以“惩罚清廷”为名，纵火焚烧圆明园，大火三日不熄，数千名士兵劫掠珍宝、摧毁建筑，数名太监、宫女、工匠葬身火海，清漪园、静明园、静宜园等园林同遭焚毁。在这场浩劫中，大量文物被掠夺，如今法国枫丹白露宫中国馆内陈列的中国历代名画、金玉首饰、瓷器、香炉、牙雕、玉雕和金银器等3万多件艺术珍品，便是当年圆明园浩劫的见证。

圆明园的珍宝“兽首铜像”

1900年，八国联军侵华，圆明园再遭劫难。溃散的清军与土匪趁乱洗劫残存建筑，砍伐古木烧炭牟利，园内木质结构彻底消失。民国时期，军阀权贵更将圆明园废墟视为“建材库”，王怀庆、张作霖等人盗运太湖石、石雕修建私宅。

新中国成立后，圆明园遗址得到了妥善保护。1956年，北京市园林绿化局开始采取植树保护措施，1976年，圆明园遗址成立专营机构。1988年6月29日，圆明园遗址向社会开放。圆明园的劫难史，是中华民族近代屈辱与抗争的缩影。这座“万园之园”的兴衰，映射着国家命运与文化尊严的紧密关联。圆明园是中华文明无比辉煌的象征，是中华民族近代屈辱的纪念遗址，更是值得全人类深刻检讨和反思的文化遗存。

圆明园遗迹

长辛店二七纪念馆

古朴典雅的长辛店二七纪念馆，位于北京市丰台区长辛店花园南里甲15号，1987年2月7日对外开放。纪念馆为四合院布局，中式门楼的顶部和房檐处，以金黄色琉璃瓦装饰，苍松翠柏中尽显浑然大气。在许多人心中，这里保存着中国工人斗争史上宝贵的精神财富。

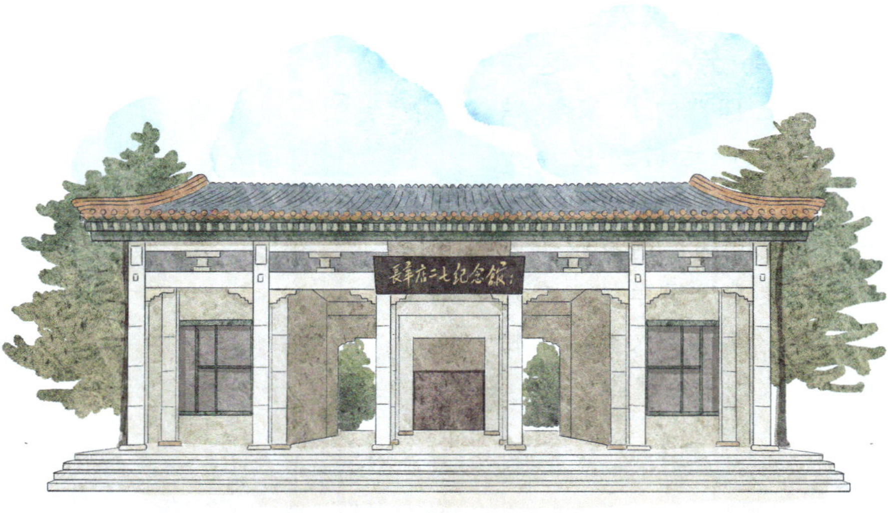

纪念馆是为了纪念1923年京汉铁路工人大罢工而建立的，共有8个展室，展柜中陈列着二七革命斗争的史料和文物，柜外陈设着大件文物、油画和模型等，如长辛店火车站用过的大钟、工人俱乐部证章、工人纠察队员用过的斧子和大锤把等。纪念馆既是长辛店二七大罢工和工人运动的纪念地，又是对青少年进行革命传统教育的绝佳场所。

二七大罢工，又称京汉铁路工人大罢工，是中国共产党领导的第一次工人运动高潮的顶点。1923年2月，在中国共产党领导下，京汉铁路工人为争取成立总工会的自由和工人阶级的政治权利，反对帝国主义、封建主义和官僚资本主义，发起了震惊中外的二七大罢工，以郑州京汉铁路总工会为中心，北起长辛店，南至汉口。

这次罢工使长达两千多里的京汉铁路陷入瘫痪，掀起了中国工人运动的高潮。中国共产党发表《为吴佩孚惨杀京汉铁路工人告工人阶级与国民书》，号召工人阶级团结起来，打倒吴佩孚政权。中国劳动组合书记部提出“争自由、反抗军阀，争民权、反抗惨杀”的口号。

纪念馆复原展厅

这次大罢工，把中国共产党领导下的中国工人运动推向了高潮，推向了顶峰，在中国革命史和中国工人运动史上写下了光辉的一页。二七大罢工充分显示了中国工人阶级最勇猛的奋斗精神和最伟大的牺牲精神。罢工虽然最终遭遇了残酷的镇压，但它所传递的抗争精神和对自由、平等的追求，却深深根植于中国工人的心中，激励着后来的无数革命者。

过去，工人为了争取合法的权益需要流血、牺牲。如今，职工有了自己的“娘家人”。习近平总书记指出，工会是党联系职工群众的桥梁和纽带，工会工作是党的群团工作、群众工作的重要组成部分，是党治国理政的一项经常性、基础性

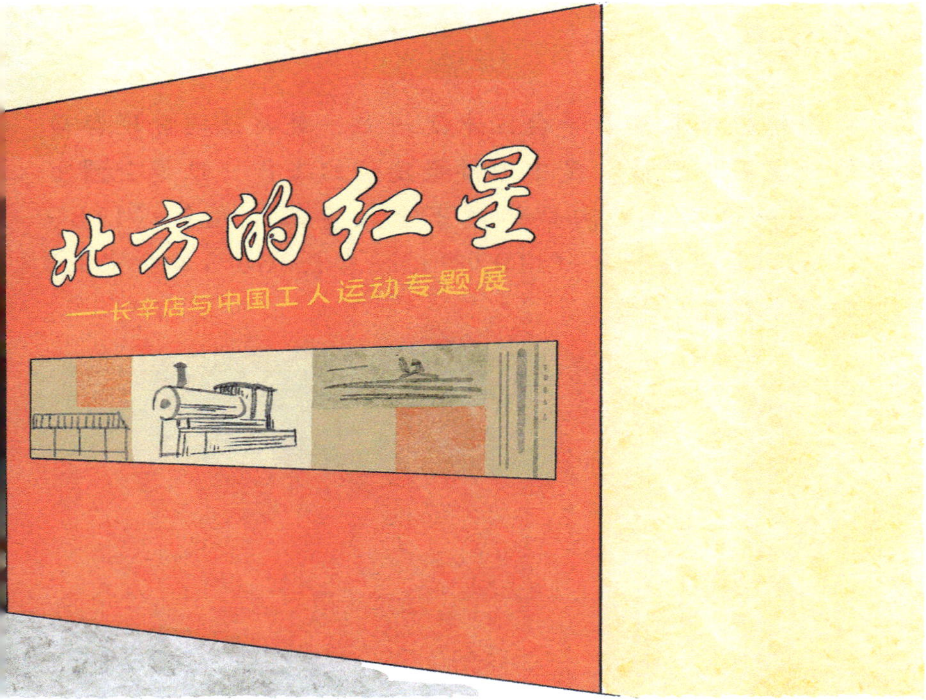

工作。新形势下，工会工作只能加强，不能削弱；只能改进提高，不能停滞不前。

作为党密切联系职工群众的桥梁和纽带，中国工会把广大职工群众紧密团结在党的周围，在思想政治引领、激发职工建功立业热情、履行维权服务基本职责、构建和谐劳动关系、提升服务效率和水平等方面做了大量卓有成效的工作。作为职工的“娘家人”，工会始终维护劳动者们的合法权益，推动构建和谐稳定的劳动关系，团结引导大家过上幸福稳定的生活、建设伟大富强的祖国。

卢沟桥

卢沟桥位于北京市丰台区永定河上，是北京地区现存最古老的一座石造拱桥，是中国桥梁建筑的杰作，也是全国重点文物保护单位。卢沟桥始建于金大定二十九年（1189年），成于金明昌三年（1192年），总长266.5米，宽9.3米，有11个桥孔。

在人教版小学课本中，有一篇名为《卢沟桥的狮子》的课文，里面提到北京有句歇后语：卢沟桥的狮子——数不清。卢沟桥就在那里，石狮子也一动不动卧在桥上，怎么可能数不清呢？可从古至今，上至帝王，下至百姓，不少人都数过卢沟桥上的石狮子，数出来的结果却让人迷惑。不少人第一次数的时候都数清了，但奇怪的是，第二次数出来的数量总是和第一次不一样。

原来，虽然桥上望柱的数量一定，但是每一根望柱上的石狮子数量是不同的。有一些望柱上雕刻了石狮子一家几口，一个大石狮子的身下或者两侧，总会趴着大小不一的小石狮子。由于技艺不同，有的小石狮子并没有全貌，只有一个狮头或者一张脸，随着时间流逝，这些石狮子受到风吹雨打，很多都已经风化难辨了，所以才有“数不清”这一说。不过，现在有一种比较权威的说法——卢沟桥上有501只石狮子。

卢沟桥上的石狮子雕像形态各异，有的憨态可掬，有的威严庄重，有的母子相依，有的嬉戏打闹，展现了古代工匠精湛的雕刻技艺和丰富的想象力。卢沟桥这座历史悠久的桥梁，不仅是中国古代工匠智慧的结晶，更与中国近代历史紧密相连。

卢沟桥最为人熟知的历史是“卢沟桥事变”。1937年7月7日，日本侵略军在这里发动了卢沟桥事变，又称七七事变，标志着中国全面抗击日本侵略战争的开始。七七事变后，中国社会各阶层开展了积极的抗日活动。在中国共产党的领导和推动下，中国工人、农民、青年、妇女等各阶层民众的抗日救亡运动全面高涨起来。

以北平、上海、武汉等几个大城市为中心的工人抗日救亡运动首先开展，北平工人联合会率先慰问受伤官兵，组织工人救护队到前方救护伤员。长辛店工人在民先队员的带动下到卢沟桥开展救护工作，并协助赶筑防御工事。日商亚细亚丝业工厂工人纷纷离厂，以示抗议。沪西公大三厂工人因平津失陷而离厂达2000人。在工人、农民、青年、妇女各界开展救亡运动的同时，文教界、工商界等也都开展了救亡行动。

卢沟桥是中国人民抗日战争的重要象征，也是中国人民团结一心、共同抵御外敌的见证。“伟大的抗战精神，是中国人民弥足珍贵的精神财富，永远是激励中国人民克服一切艰难险阻、为实现中华民族伟大复兴而奋斗的强大精神动力。”习近平总书记的话语铿锵有力、发人深省。卢沟桥连接了过去和现在，精益求精的工匠精神、奋发图强的民族精神造就了这座精美的桥梁、成就了伟大的抗战胜利，时至今日，它依然鼓舞着一代又一代中国人不懈奋斗。

中国人民抗日战争纪念馆

中国人民抗日战争纪念馆坐落在七七事变的爆发地——北京丰台区卢沟桥畔宛平城内。中国人民抗日战争纪念馆是全国唯一一座全面反映中国人民抗日战争历史的大型综合性专题纪念馆，是国家一级博物馆、全国优秀爱国主义教育示范基地。为迎接2025年中国人民抗日战争暨世界反法西斯战争胜利80周年纪念日，纪念馆的基本陈列也进行了全面改陈，以更好地向社会各界展示伟大的抗日战争历史。

纪念馆的文物藏品以1931年至1945年抗日战争时期的各种历史文献和相关实物为主，同时也收藏了有关日本自1874年以来侵略和占领中国台湾的各类文物，内容涉及军事、政治、经济、文化、社会等诸多历史侧面。

战争中使用的望远镜

纪念馆全景式地展示了中国人民在抗日战争中的英勇斗争和牺牲精神。置身其间我们也能看到，在抗战时期，中国工会在中国共产党的领导下，坚决拥护和支持抗日民族统一战线政策，发动工人群众广泛投入抗日战争，为实现民族独立和人民解放建立的不朽历史功勋。

比如抗战爆发后，在华北地区，工人群众很快建起了抗日武装，如山西工人自卫旅、山东枣庄铁道游击队、淄博矿工武装队、河北磁县工人自卫队、唐山工人特务大队等。抗战时期，仅在华北各地，200人至1000人的工人游击队就达到26支，200人以下的则有200余支。

在根据地，工人运动开展得如火如荼。在中国共产党的领导下，到1945年初，全国根据地的工会会员已发展到了92万人之众。工人们一手持锤一手持枪，边生产边战斗，成为一支重要的有生力量。如今，在抗战纪念馆这个重要的爱国主义教育基地，各级工会通过组织职工参观、参与纪念活动等形式，加强职工的爱国主义教育和革命传统教育，不断提高职工的民族自豪感和责任感。

参观中国人民抗日战争纪念馆，不仅是对历史的回顾，更是对抗战精神的深刻领悟，其内涵包括天下兴亡、匹夫有责的爱国情怀；视死如归、宁死不屈的民族气节；不畏强暴、血战到底的英雄气概；百折不挠、坚忍不拔的必胜信念。这座纪念馆用真实的文物、照片和史实告诉我们：几十年前，无数中华儿女用生命捍卫了国家尊严，用鲜血浇铸了民族脊梁。

历史是最好的教科书，对于我们每一位青少年来说，认真完成学业，尊重英雄事迹，热心公益事业，维护国家荣誉……这些平凡的日常就是我们爱国的具体行动。让我们铭记历史，传承精神，用实际行动证明：每一代中国青年都能肩负起时代的使命，让爱国之心在平凡中闪光，在奋斗中升华！

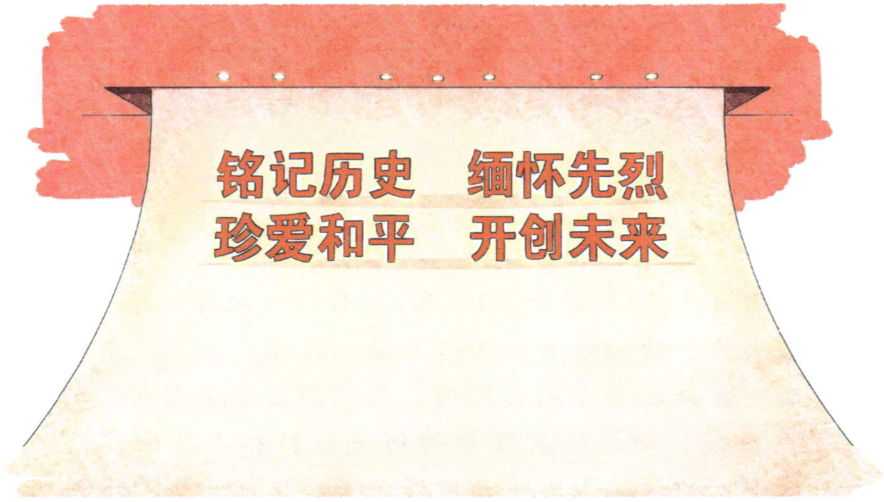

中国航天博物馆

中国航天博物馆作为国家级航天专业博物馆，承载着厚重的历史与深远的意义。博物馆坐落于北京市丰台区万源路甲1号，隶属于中国运载火箭技术研究院。其前身为中华航天博物馆，2019年10月16日，中国航天博物馆正式批复设立，并于2022年11月正式宣布开馆，以全新的姿态展现在世人面前。

博物馆共有3层展厅。1层和2层展厅为对外展厅，主要分为运载火箭、载人航天、人造卫星、月球探测、火箭发射演示、航天器等10多个展示区域。这些展区以中国航天的发展历程为主线，通过翔实珍贵的历史资料和丰富的实物与模型，以现代的展示手段生动地展示了中国航天事业的过去和未来。3层展厅则重点介绍各分类系统的专业技术。

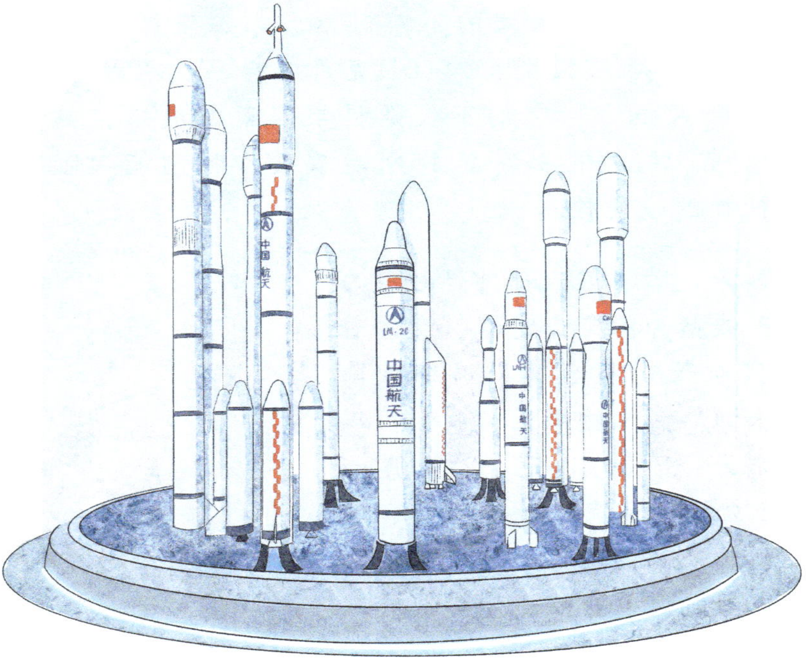

走进博物馆，来到古代航天探索展区，制作精巧的“浑仪”“纪限仪”“象限仪”等天文观测仪器模型及在古代战争中曾大显神威的“神火箭屏”“一窝蜂”“火龙出水”等古代“火箭”展品显示了中国古代天文探索的成就，表明了“中国是火箭的故乡”这一主题。来到“两弹一星”精神、载人航天精神、探月精神、新时代北斗精神等精神展示区，我们可以深刻感受到一代又一代航天人不断攀登科技高峰的决心。在运载火箭展区，长征系列火箭1:10模型的每个细节都展现着航天人精益求精的工匠精神，从火箭的外观打磨，到内部结构的精密设计，无不凝聚着科研人员和工匠们无数个日夜的心血。

人造卫星展区展出了中国首颗人造卫星“东方红一号”备份星，以及返回式卫星回收舱表面等展品，其背后是中国航天人对于星辰大海的不懈探索。在深空探测展区，嫦娥五号月球车1:3模型及约100克月壤样品、祝融号火星车等展品映入眼帘，它们不仅是科学探索的成果，更是“特别能吃苦、特别能战斗、特别能攻关、特别能奉献”载人航天精神的最佳诠释。

如今，载人航天精神已经成为中华民族精神的宝贵财富，激励着一代代航天人不忘初心、继续前行。来到航天人物展区，我们可以看到很多熟悉的面孔，“两弹一星”元勋、航天院士、航天员、航天英烈……他们用自己的一生诠释着对中国航天事业的热爱与奉献。

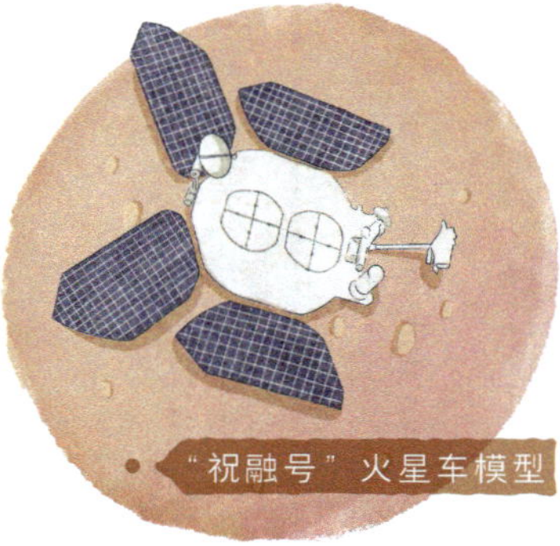
“祝融号”火星车模型

中国空间站模型

中国航天博物馆的展品展现了航天科技发展的脉络，它不仅是一座展示航天成果的宝库，更是一部镌刻民族自强精神的立体史书。中国的航天事业从蹒跚起步到如今傲立全球，其背后是中华民族不屈不挠的奋斗精神。

走进博物馆，青少年朋友们能直观感受到几代航天人“空天报国”的信念是如何一步步从梦想变为现实的。作为新时代的青少年，我们需要以此次参观为契机，学习领会自力更生、艰苦奋斗的航天精神，树立民族自豪感与自信心，播下追逐梦想、投身科学的种子，以航天精神为指引，在未来的学习与生活中脚踏实地、勇于探索。

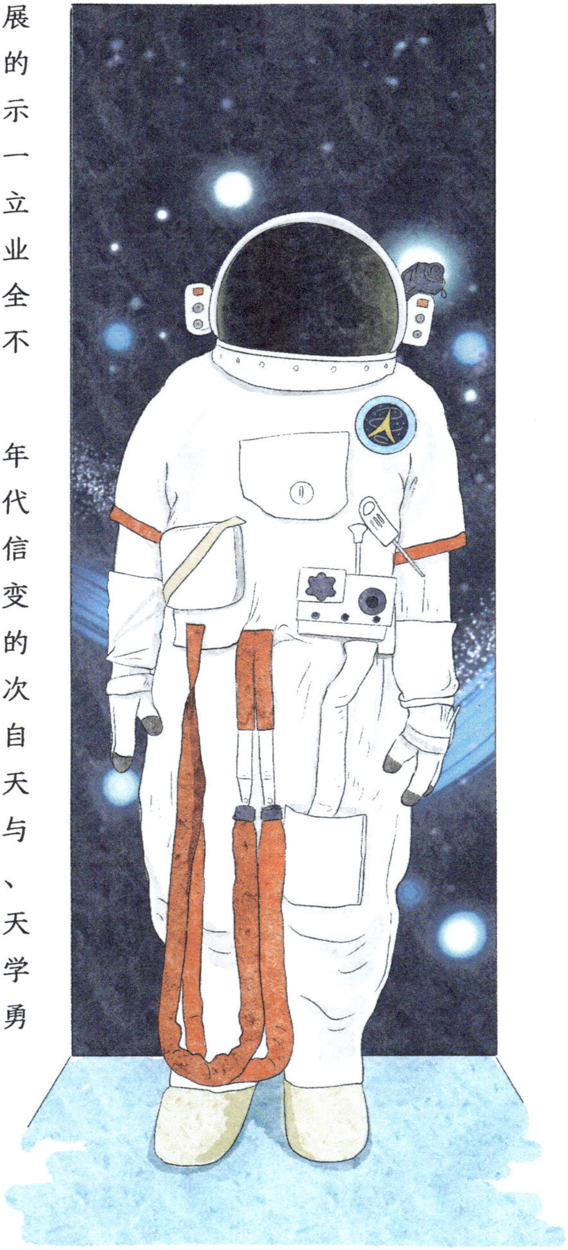

天坛

天坛，位于北京市东城区永定门大街东侧。天坛是明清两代皇帝祭天、祈谷和祈雨的场所，是中国现存最大的古代祭祀性建筑群。天坛始建于明永乐十八年（1420年），历经明清两代24位帝王长达491年的营建与完善，以“敬天法祖”为核心精神，将中国古代宇宙观、礼制思想与建筑美学融为一体。

天坛由两重坛墙环护，分为内、外两坛。主要古建筑集中于内坛，内坛中间有东西向隔墙将内坛分隔为南、北两部分，隔墙中有门相通。内坛由圜丘坛、祈谷坛、斋宫3组古建筑群组成。祈谷坛位于内坛北部，圜丘坛位于内坛南部，斋宫位于内坛西部，一座长360米、宽28米的丹陛桥连接圜丘坛和祈谷坛。

天坛建筑群

天坛建筑群以丹陛桥为南北轴线，北端祈年殿与南端圜丘坛遥相呼应，形成“北圆南方”的格局，暗合古代“天圆地方”的宇宙认知。祈谷坛上层坛面正中即为祈年殿，祈年殿三重檐攒尖顶的鎏金宝顶直指苍穹，殿内28根金丝楠木巨柱构成精妙的天文密码：中央四柱象征四季，中层十二柱隐喻十二月，外层十二柱代表十二时辰，顶端八根童柱则演绎二十四节气，共同编织出二十八星宿的璀璨星图。

丹陛桥长360米，是连通圜丘坛和祈谷坛的一条高出地面约4米的大道。大道中部下有东西向券洞通道，所以名“桥”，可谓古都北京最古老的“立交桥”。桥面宽30米，中间石板大路为“神路”，供天帝专用，东侧砖砌路面称“御路”，供皇帝专用，而陪祀王公大臣只能在西侧的“王路”上行走，上下进退等级分明。丹陛桥北高南低，北行令人步步登高，如临天庭。

自明成祖朱棣于1420年在天坛首次举行冬至祭天大典至1912年溥仪退位，天坛共见证了654次国家祭祀。清代对天坛的营造达到技艺巅峰。乾隆十六年（1751年）将祈年殿三重檐统一改用象征苍穹的孔雀蓝琉璃瓦，殿内藻井采用“龙凤和玺”彩绘，中央金龙藻井与殿心“龙凤石”形成天地对应的奇观。光绪十五年（1889年）雷火焚毁祈年殿后，工匠依照明代形制重建，仅凭残存基座便精准复原了所有构件尺寸，展现出古代工匠技艺的精妙。天坛内，还有3500株明清古柏与建筑群相映成趣，其中“九龙柏”“迎客柏”等著名古树，已经历经了6个世纪的沧桑。

1918年元旦，天坛首次作为公园向群众开放，完成了从皇家禁苑到国民遗产的历史转身。新中国成立后，天坛经历了数次大规模修缮：20世纪50年代修复遭日军破坏的皇穹宇，90年代运用传统“一麻五灰”工艺重做祈年殿彩画，近年来启动数字化保护工程，通过三维扫描将琉璃瓦、椽子的数据永久存档。如今的天坛，作为中国文化的一个重要象征而闻名世界。2018年，英国《卫报》将“天坛云影”评为全球十大绝美光影奇观，这座古老祭坛正以其独特的语言向世界讲述着东方智慧。

皇穹宇

北京园博园

北京园博园坐落于北京市丰台区永定河畔，是一座集园林艺术、生态休闲、文化展示和科普教育于一体的综合性城市公园。它的建设不仅是园林艺术的盛宴，更是践行习近平生态文明思想的生动案例。

园博园永定塔

北京园博园的前身曾是一片生态“伤疤”。园博园内的锦绣谷区域原是永定河河道的一部分，因长期采沙和建筑垃圾填埋，形成了面积达140公顷、深达30米的巨型沙坑，周边环境非常恶劣。在2013年第九届中国国际园林博览会选址于此之后，开启了生态修复之路。设计师巧妙利用原有地形，将沙坑改造为下沉式花谷，融入“燕京八景”的意境，打造出燕台大观、云台叠翠等景观，配以山石叠水、花卉瀑布，成为生态修复的典范。

园博园的另一亮点是位于东南角的园博湿地，这里原为沙石垃圾回填坑，最深达23米。通过再生水净化和复合垂直流技术，建成了亚洲最大的功能性潜流型人工湿地。湿地内种植了30余种水生植物，放养鱼类和底栖动物，既净化了水质，又恢复了生物多样性。白鹭、野鸭等动物在此栖息，形成“鱼潜深水、鸟栖浅滩”的和谐画面。

园博园的建设充分应用绿色技术，力求实现可持续发展。园区内设有两处污水处理站，通过循环利用实现“污水零排放”；雨洪利用工程覆盖全园，雨水收集后用于灌溉和景观补水，甚至比奥林匹克森林公园的同类技术更先进。主展馆“月季”采用透明屋顶设计，自然采光与节能技术结合，减少能源消耗。此外，园博湖的“水舞秀”音乐喷泉以生态和谐为理念，喷泉主喷高度达108米，结合声光电效果，成为夏季游客的打卡胜地，展现了科技与自然的交融。

园博园主展馆

经过十余年养护，园博园已成为生物多样性的乐园。园区内植被覆盖率超过90%，三季有花、四季常绿，吸引了动物们来栖息。春季的桃花谷更是惊艳，百亩山桃花沿山坡绽放，形成粉色花海，与永定塔相映成趣，被游客称为“开往春天的列车”。园博园不仅注重生态修复，还深挖文化内涵。永定塔作为辽金风格仿古高塔，寓意“四面八方，和谐永定”，与周围的湖光山色构成诗意图景。园区内汇聚了中外园林艺术精华，从江南水乡到北方皇家园林，一步一景，展现多元文化魅力。

习近平总书记指出，“绿水青山就是金山银山”。北京园博园正是“两山”理论的生动实践。它用十余年的时间，将一片废墟变为生态明珠，证明了人类与自然和谐共生的可能。未来，园博园将继续作为绿色发展的标杆，为城市生态修复、文化传承提供宝贵经验。无论是踏春赏花、观塔听戏，还是感受科技与自然的交融，园博园都值得每个人前来体验，奏响生态与人文的交响之旅。作为青少年，我们要努力做到习近平总书记要求的“像保护眼睛一样保护生态环境，像对待生命一样对待生态环境”，积极践行绿色低碳生活，为建设美丽中国作出自己的贡献。

3

知识加油站

走近大国工匠 传承劳动精神

大国工匠人物介绍

习近平总书记指出，民族复兴的使命要靠奋斗来实现，人生理想的风帆要靠奋斗来扬起。大国工匠是指引我们奋斗的榜样。2024年获得“人民工匠”荣誉称号的许振超从一名普通的桥吊司机成长为“技术大拿”，以“干就干一流，争就争第一”的精神九次刷新集装箱装卸世界纪录，展现了工人阶级的时代风采。被誉为“中国火箭心脏焊接第一人”的高凤林不断突破极限精度，将“龙的轨迹”划入太空，破解20载难题，为火箭铸“心”，为民族筑梦，彰显了劳动者的崇高品格。

为了带领大家走近更多大国工匠，在此次夏令营活动中，我们准备了“大国工匠人物传”丛书，让我们以榜样为引领，传承劳模精神、劳动精神、工匠精神，让青春在劳动奋斗的过程中绽放绚丽之花！

全国劳动模范高凤林

“人民工匠”许振超

艾爱国：了不起的“钢铁裁缝”

艾爱国，湖南华菱湘潭钢铁有限公司焊接顾问，全国劳动模范、“七一勋章”获得者、2021年大国工匠年度人物，被誉为“钢铁裁缝”。从事焊接工作50多年，艾爱国勇于自主创新，多次主持国内重大项目、重大工程的焊接技术攻关工作，为我国冶金、军工、矿山、机械、电力等行业攻克焊接技术难关400多个，改进工艺120多项。他的焊接质量达到国际I级标准，他被国内外专家称为“了不起的焊工”。

郭汉中：让三星堆文物“活”起来

郭汉中，四川广汉三星堆博物馆文物修复高级技术工，2022年大国工匠年度人物，被誉为三星堆“时光匠人”。从事文物修复40余年，一件件破损青铜器、石器、玉器在郭汉中手中恢复往日神韵。他将传统修复工艺与现代科技相结合，创造塑形补配等修复工艺，使三星堆青铜纵目面具等国家一级文物较为完整地呈现在人们面前。郭汉中始终坚守在文物修复第一线，用坚持不懈和精益求精的工匠精神，让数以千计的珍宝重现风采。

李凯军：“人刀合一”的顶级钳工

李凯军，一汽集团公司钳工班长，全国劳动模范、2019年大国工匠年度人物，被誉为“人刀合一”的创新王者。李凯军刻苦钻研模具制造专业知识，练就高超的钳工技术，加工制造了数百种优质模具，尤其是出色完成了重型车变速箱壳体等高难度压铸模具的制造，在我国高、精、尖复杂模具加工方面独具特色。李凯军的成长成才经历是一段不断遇到困难、克服困难的自我提升史，也是一段极度自律、快速成长的大国工匠的生动实践。

李万君：焊接高铁的“工人院士”

李万君，中车长客股份公司高级技师，全国劳动模范、2018年大国工匠年度人物，被誉为“工人院士”。李万君将自己的工作视作艺术而非单纯的技能，精益求精已成为他的工作常态。在焊接世界里，这个来自一线的技术工人，在“君粉”心中如同耀眼巨星。在他的身上，集中体现了爱岗敬业、争创一流、艰苦奋斗、勇于创新、淡泊名利、甘于奉献的劳模精神，崇尚劳动、热爱劳动、辛勤劳动、诚实劳动的劳动精神，执着专注、精益求精、一丝不苟、追求卓越的工匠精神。

刘伯鸣：让中国锻件立于世界之巅

刘伯鸣，中国一重水压机锻造厂副厂长，全国劳动模范、2019年大国工匠年度人物，被誉为大国重器的“锻造者”。刘伯鸣用匠心锻造大国重器，攻克90余项核电、石化产品工艺难关，填补了40项行业空白，出色完成三代核电锥形筒体、水室封头、世界最大715吨核电常规岛转子等20余项超大超难核电锻件锻造任务，为促进核电、石化产品国产化，提升我国超大型铸锻件极端制造核心竞争力作出突出贡献。刘伯鸣是我国重大技术装备自主化、产业化进程中的奋斗者和见证者。

刘丽：油田里的创新能手

刘丽，中国石油天然气集团有限公司高级技师，全国劳动模范、2021年大国工匠年度人物，被誉为大国工匠“女铁人”。刘丽始终扎根在采油生产一线，致力于以创新解决生产难题，个人累计研发各类成果200余项。其中，获市局级奖项75项、国家及省部级奖项38项，螺杆泵井新型封井器装置等一批成果填补了国际国内技术空白。刘丽及其团队始终以铁人王进喜为榜样，辛勤劳动、诚实劳动、革新创新，不断在劳动岗位上实现人生梦想。

孟维：数控机床上的“雕刻师”

孟维，徐工集团数控加工高级工程师，2022年大国工匠年度人物，被誉为数控机床上的“雕刻师”。从业20余年来，孟维带领团队先后破解高强钢加工工艺等技术难题，发明“孟维滑轮操作法”等先进加工方法179项，在中国工程机械核心零部件加工领域形成具有自主知识产权的核心技术优势。从具备复杂零部件独立工艺设计、数控加工能力，到精通多种主流数控系统的程序编制与操作，再到能独立对其调试、改进部分技术，孟维一路走来，成了数控机床加工和维修的“土专家”。

王树军：一颗匠心打破国外垄断

王树军，潍柴动力股份有限公司首席技师，全国劳动模范、2018年大国工匠年度人物，用一颗匠心打破国外垄断。王树军攻克的海勒加工中心光栅尺气密保护设计缺陷，填补国内空白，成为中国工匠勇于挑战进口设备的经典案例；独创的“垂直投影逆向复原法”，打破了国际技术封锁和垄断。王树军是“手可摘星辰”的工厂“大师傅”，激励着潍柴一代又一代的产业工人勇攀高峰，向着更高的目标迈进，为企业的辉煌未来，也为中国制造的崛起贡献力量，续写属于产业工人的荣耀篇章。

竺士杰：在高空“穿针引线”

竺士杰，浙江宁波舟山港桥吊班大班长，全国劳动模范、2019年大国工匠年度人物，被誉为“桥吊状元”。竺士杰从一个龙门吊司机转变为一个桥吊司机，并成长为大国工匠，他自创“竺士杰桥吊操作法”，大大提升了传统桥吊的操作效率。同时，带领团队研发攻克了30多个创新技改项目，他扎根码头生产一线20余年，用敬业奉献的画笔描绘出了最美丽的人生。在平凡枯燥的岗位上，竺士杰用心做出了不平凡的业绩，用过硬的本领谱写了新一代技术工人的精彩篇章。

汲取古籍精华 弘扬传统文化

“中华典籍文化展”典籍介绍

古籍是中华文化传承不息的关键载体。在本次夏令营活动期间，坐落于北京市西城区琉璃厂东街115号的中国书店特设“中华典籍文化展”，这是国内第一次为少年儿童举办的典籍文化专展。中华典籍以甲骨文字为起点，历经青铜铭文、简帛文书到纸质印刷的演变，系统保存了中华文明的原始密码，使中华文明在跌宕起伏的历史长河中仍能保持文化连续性。绵延不断的典籍传承史，正是一部中华文明自我更新的精神史诗。

此次“中华典籍文化展”通过数件典籍展品形象展示了汉字字体的演变，大家能看到耳熟能详的《史记》《红楼梦》《三国演义》《本草纲目》等著作，还有隋代的“敦煌写经”、宋代的《说文解字》等珍贵文献，可直观了解到汉字字体的演变过程，感受中国文字以甲骨文为起点，历经金文、小篆至隶书、楷书的变化，从商周占卜刻辞到秦代“书同文”，形成统一规范，还能了解造纸术、印刷术的发明与发展，以及不同时期书籍装帧的历史。

甲骨文拓片

甲骨文是中国商代晚期（约公元前14世纪至前11世纪）使用的文字，契刻着甲骨文的龟甲与兽骨主要用于占卜和记事，19世纪末至20世纪上半叶，甲骨文曾在河南安阳殷墟遗址大量出土。作为中国现存最古老的书体与成熟汉字系统，甲骨文的出现与成熟奠定了典籍诞生的物质基础，使口耳相传的零散知识得以系统化、跨代际传承。

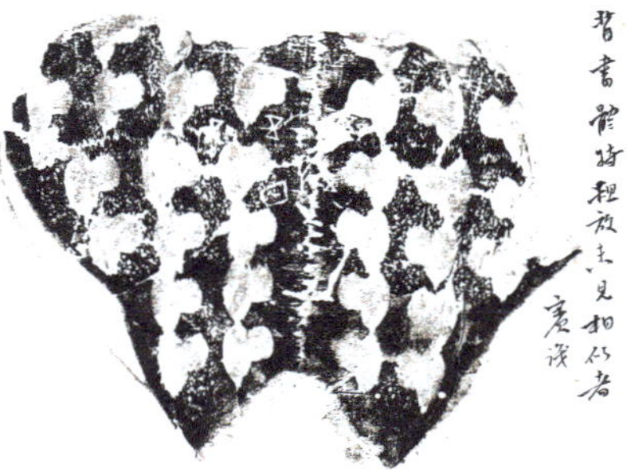

青铜器金文拓片

铸刻在青铜器（如鼎、簋、钟、盘等）上的铭文，被称为金文。金文约产生于商代晚期（约公元前13世纪），兴盛于西周至春秋战国时期（约公元前11世纪至前3世纪）。在中华文明早期，我们的祖先往往以“物”载“文”，金文逐步替代甲骨文，转向系统化书写。

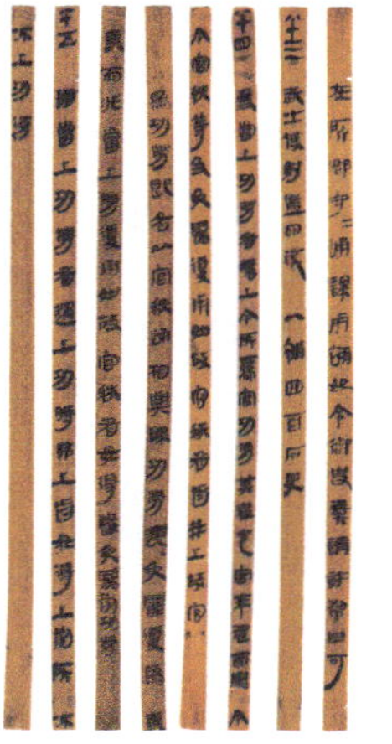

简牍

简牍是最早的中国古代书籍形式。东汉时期许慎作《说文解字》，在《序》中明确提出“著于竹帛，谓之书”。“竹”代指简牍，“帛”代指帛书，简牍出现的时代可以断定不晚于商代。在历史上，简牍使用了上千年，直到东汉晚期才逐步被纸张取代。

汉熹平石经拓片

东汉时期，儒家经典因长期口传、抄写导致文本差异巨大，于是汉灵帝采纳学者蔡邕等人建议，刊刻标准经本以形成官方权威版本。《春秋》《论语》等儒家经典，经蔡邕等人校勘整理后，刻在石碑上。刻经工作始于熹平四年（175年），历时9年完成，立于洛阳太学门前供天下学子校勘。熹平石经是中国历史上首次大规模官方刊刻儒家经典的壮举。

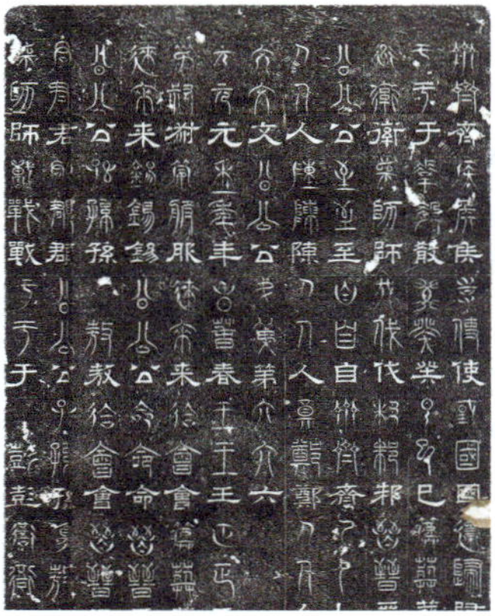

三国正始石经拓片

三国时期，古文经学兴起，为了弥合今文经学与古文经学的学派分歧，曹魏政权于正始二年（241年）开始刊刻石经，历时7年完成，刻有《尚书》《春秋》《左传》等内容。石经以古文经为本，兼收今文异文，以古文（战国文字）、小篆、隶书3种字体并列书写，故又称“三体石经”。

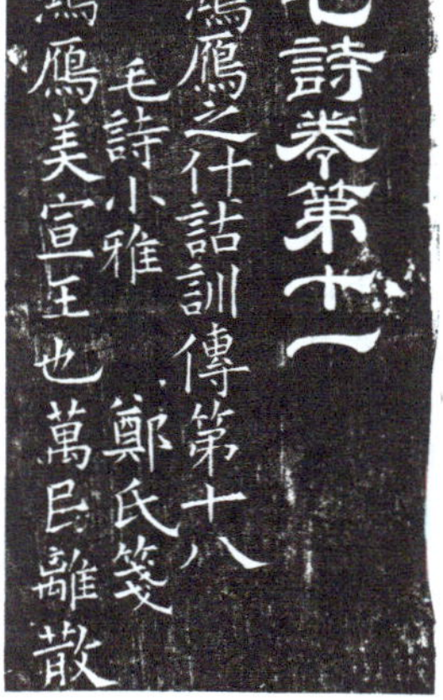

唐开成石经拓片

唐代科举以儒家经典为考试核心，但民间抄本错漏频出，唐文宗时官方通过刊刻开成石经来统一文本、规范士子学习。刻经工作始于唐文宗大和七年（833年），成于开成二年（837年），故称“开成石经”。开成石经共刻有《周易》《尚书》等12部典籍。这项工作促进了典籍的批量复制，传拓技术成为印刷术成熟前最高效的传播方式。

用于雕版印刷的雕版

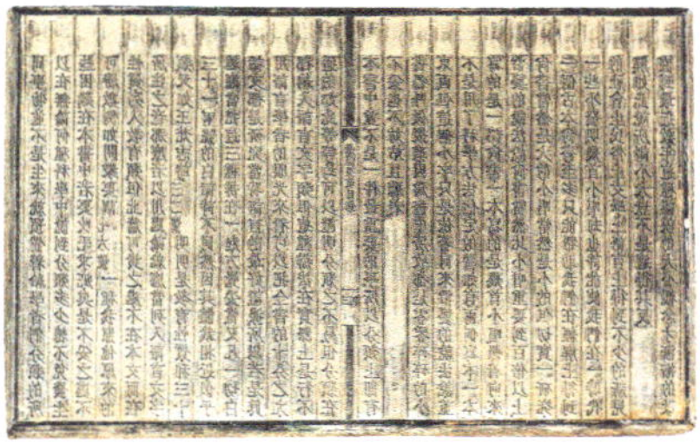

雕版印刷术是中国唐代发明的传统印刷技术，雕版是刻有文字或图案的木板。其材质多选用纹理细密、硬度适中的梨木或枣木，经干燥处理后用来雕刻文字或图案。

用于木活字印刷的木活字

活字印刷术是中国宋代发明的传统印刷技术，可用来制作活字的材料有胶泥、木头、金属等。木活字印刷术所用的木活字是以梨木或枣木雕刻成的独立单字。这些活字刻好后，可灵活组合排版、重复使用。

用于金属版印刷的金属蚀刻版

金属印刷技术于清康熙、乾隆时自西方传入中国。金属版印刷中的金属蚀刻版是一种通过化学或物理手段在金属表面形成凹陷图文的印刷模板，主要用于凹版印刷，其金属材料常用铜、锌、钢等。

用于石版印刷的石板

石版印刷技术于近代自西方传入中国。石版印刷的石板多选用质地细腻、孔隙均匀的天然石灰石，经精细打磨后形成光滑平面，其表面通过化学处理形成亲水拒油区域，利用油水相斥原理吸附油墨，实现图像转印，兼具印刷高精度与艺术表现力。

《大般涅槃经》40卷

作者：（北京）释昙无谶 译　　**装帧：**卷轴装

版本：隋写本　　**纸张：**写经纸（麻纸）

《大般涅槃经》是佛教重要经典之一，该经卷为隋代写本，书法工整、娟秀，纸张为经过染潢、捶打、上蜡、研光的麻纸。该卷总长775.4厘米，由7张纸粘接而成，单张纸最长达143厘米，是已知隋唐写经中单纸长度最长的，由此可见隋代人造纸技术的精湛。

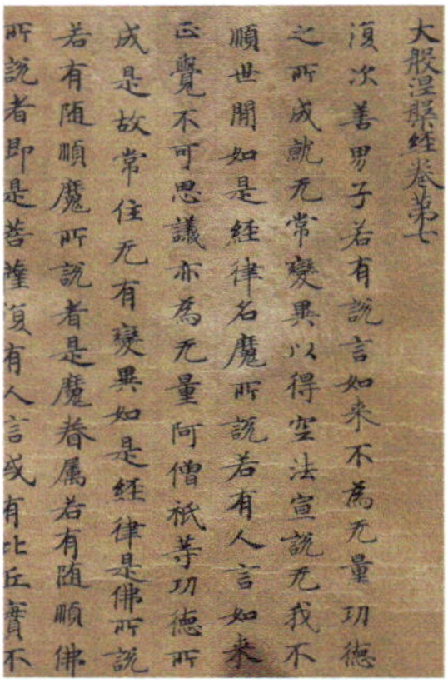
大般涅槃經卷第七
復次善男子若有說言如來不為无量功德
之所成就无常變異以得空法宣說无我不
順世間如是經律名魔所說若有人言如來
正覺不可思議亦為无量阿僧祇等功德所
成是故常住无有變異如是經律是佛所說
若有隨順魔所說者是魔眷屬若有隨順佛
所說者即是菩薩復有人言或有比丘實不

《资治通鉴》294卷

作者：（宋）司马光 撰　　**装帧：**蝴蝶装

版本：北宋蜀广都费氏进修堂刻本　　**纸张：**黄麻纸

《资治通鉴》是中国古代著名的编年体史书，由北宋政治家、史学家司马光主持编撰，历时19年完成。该书记载了上自周威烈王二十三年（公元前403年），下至后周世宗显德六年（959年）的史事，时间跨度有1300余年。《资治通鉴》与《史记》被后人誉为“史学双璧”。

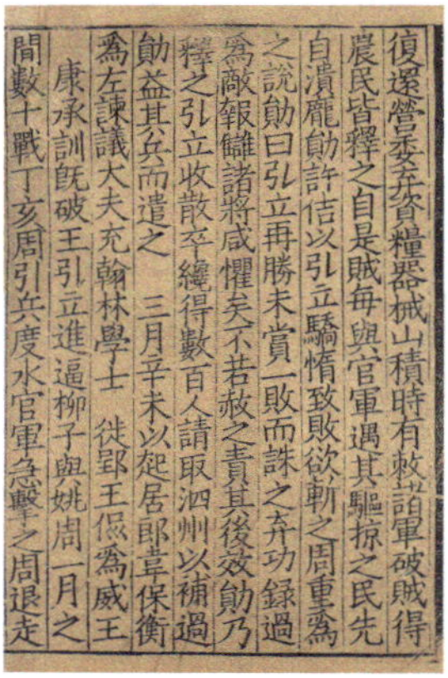
復還營委弃資糧器械山積時有敕詣軍破賊得
農民皆釋之自是賊每與官軍遇其驅掠之民先
自潰龐勛許佶以引立驕惰致敗欲斬之周重爲
之説勛曰引立再勝未賞一敗而誅之弃功録過
爲敵報讐諸將咸懼矣不若赦之責其後效勛乃
釋之引立收散卒纔得數百人請取泗州以補過
勛益其兵而遣之　三月辛未以起居郎韋保衡
爲左諫議大夫充翰林學士　徙郢王侃爲威王
康承訓既破王引立進逼柳子與姚周一月之
間數十戰丁亥周引兵度水官軍急擊之周退走

《重刊许氏说文解字五音韵谱》12卷

作者：（汉）许慎 撰　（宋）徐铉 校订　李焘 改编

版本：宋刻本　　**装帧：**线装　　**纸张：**黄麻纸

《说文解字》是中国第一部分析字形、解释字义、辨识声读的字典，系统展示了汉字形、音、义之间的必然联系，解释了字形构造的缘由，反映出汉字形义的相互依存关系。南宋孝宗时，李焘撰成《说文解字五音韵谱》，将《说文解字》的文字内容重新编排，以便于读书人检索阅读。

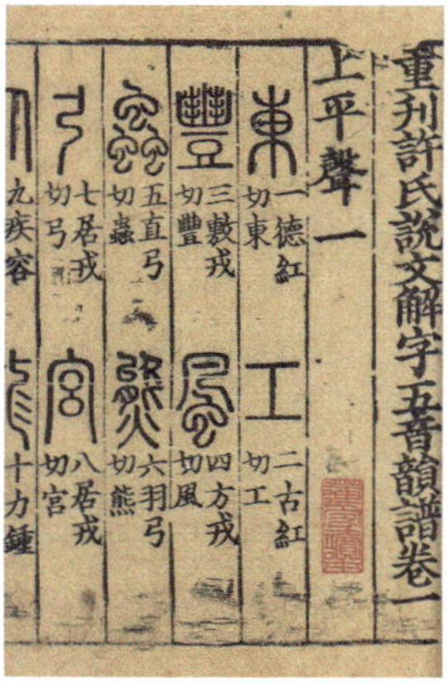
重刊許氏說文解字五音韻譜卷一
上平聲一

《欧阳文忠公集》153卷

作者：（宋）欧阳修 撰　**装帧：**蝴蝶装　**纸张：**白麻纸

版本：南宋庆元二年（1196年）周必大刻本

《欧阳文忠公集》是北宋文坛领袖、政治家、史学家欧阳修的诗文全集，涵盖欧阳修的诗文、奏议、笔记、经解、史著等作品。

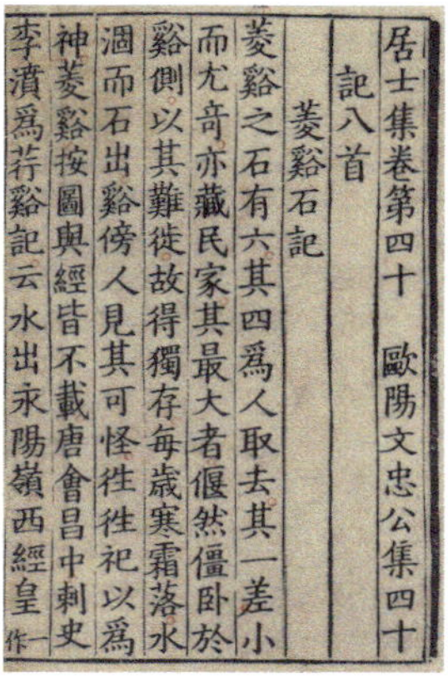
居士集卷第四十　歐陽文忠公集四十
記八首
菱谿石記
菱谿之石有六其四爲人取去其一差小而尤奇亦藏民家其最大者偃然僵卧於谿側以其難徙故得獨存每歲寒霜落水涸而石出谿傍人見其可怪往往祀以爲神菱谿按圖與經皆不載唐會昌中刺史李濆爲荇谿記云水出永陽嶺西經皇

《新刊山堂先生章宫讲考索甲集》10卷

作者：（宋）章如愚 辑　**装帧：**包背装（巾箱本）

版本：南宋金华曹氏中隐书院刻本　**纸张：**黄麻纸

《新刊山堂先生章宫讲考索甲集》是南宋学者章如愚编撰的类书《群书考索》（又名《山堂考索》）中的一部分。全书共10集100卷，每集10卷。《甲集》分六经、经史、诸子、百家、诸经、诸史、律吕、历数、天文、地理等13门，有很高的文献价值。

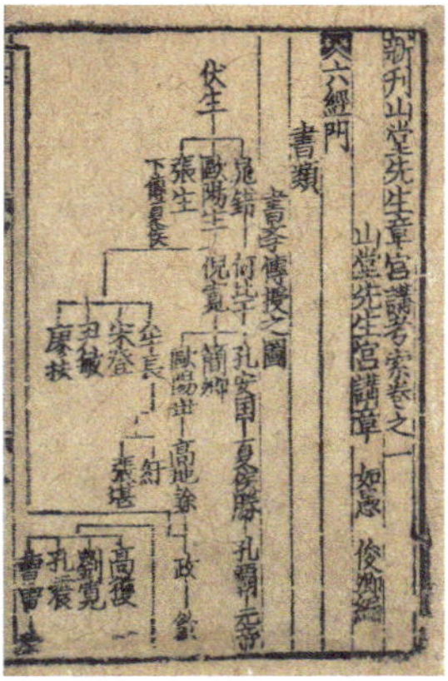
新刊山堂先生章宫講考索卷之一
山堂先生宫講章　如愚　俊卿編
六經門
書類

《魏书》140卷

作者：（北齐）魏收 撰　**装帧：**线装

版本：宋刻元明递修本　**纸张：**竹纸

《魏书》是中国南北朝时期北齐魏收主持编纂的纪传体史书，为“二十四史”之一，主要记载了北魏和东魏的历史。

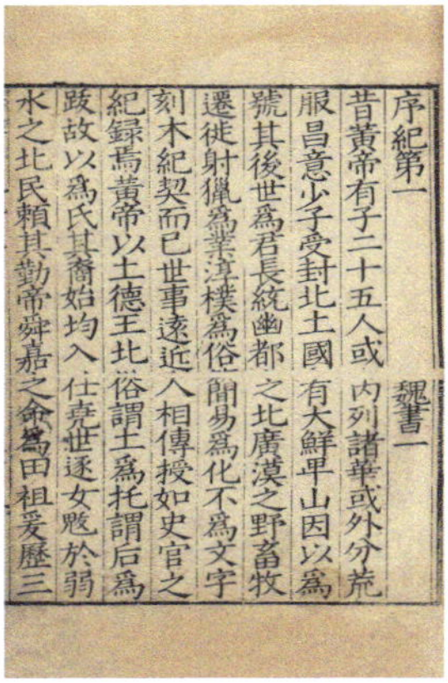
序紀第一　魏書一
昔黃帝有子二十五人或內列諸華或外分荒服昌意少子受封北土國有大鮮卑山因以爲號其後世爲君長統幽都之北廣漠之野畜牧遷徙射獵爲業淳樸爲俗簡易爲化不爲文字刻木紀契而已世事遠近人相傳授如史官之紀録焉黃帝以土德王北俗謂土爲托謂后爲跋故以爲氏其裔始均入仕堯世逐女魃於弱水之北民賴其勤帝舜嘉之命爲田祖爰歷三

《通鉴纪事本末》42卷

作者:（宋）袁枢 编　　**装帧: 线装**

版本: 宋刻元明递修本　　**纸张: 竹纸**

《通鉴纪事本末》是由南宋史学家袁枢编撰的一部纪事本末体史书。袁枢考虑到《资治通鉴》作为编年体史书，存在历史事件分散的缺点，于是他首创“纪事本末体”，以事件为中心重新梳理历史。这种方式为后世史书编纂提供了新范式，纪事本末体也与编年体、纪传体并称“中国史学三大体例”。

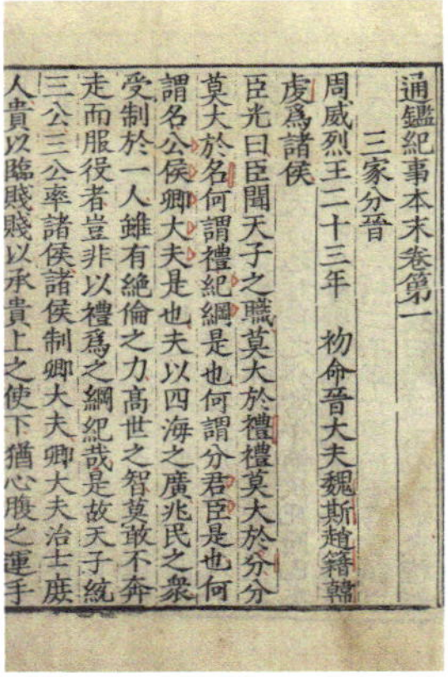
通鑑紀事本末卷第一
三家分晉
周威烈王二十三年　初命晉大夫魏斯趙籍韓
虔爲諸侯
臣光曰臣聞天子之職莫大於禮禮莫大於分分
莫大於名何謂禮紀綱是也何謂分君臣是也何
謂名公侯卿大夫是也夫以四海之廣兆民之衆
受制於一人雖有絶倫之力高世之智莫敢不奔
走而服役者豈非以禮爲之綱紀哉是故天子統
三公三公率諸侯諸侯制卿大夫卿大夫治士庶
人貴以臨賤賤以承貴上之使下猶心腹之運手

《文献通考》348卷

作者:（元）马端临 撰　　**装帧: 包背装**　　**纸张: 白麻纸**

版本: 元泰定元年（1324年）西湖书院刻本

《文献通考》是中国古代一部重要的典章制度通史著作。全书内容涉及政治、军事、文化、艺术、思想等多方面的内容，记载从上古至南宋嘉定年间的历代典章制度。其与《通典》《通志》并称为“三通”。

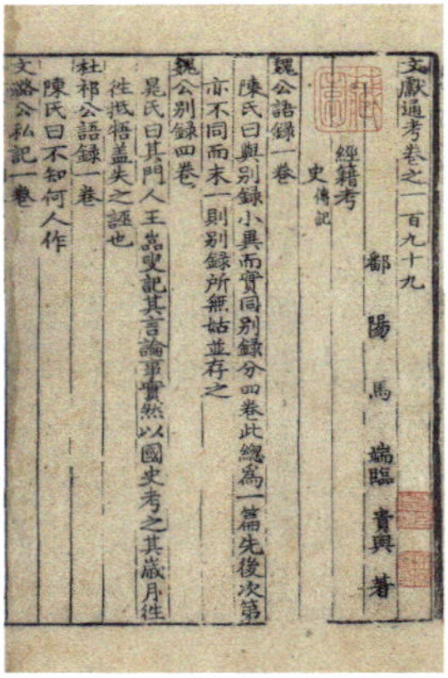
文獻通考卷之一百九十九
鄱陽馬端臨貴與著
經籍考
史傳記
魏公語錄一卷
陳氏曰與別錄小異而實同別錄分四卷此總爲一篇先後次第
亦不同而末一則別錄所無姑並存之
魏公別錄四卷
晁氏曰其門人王嵒叟記其言論事實然以國史考之其歲月往
往牴牾盖夫之誣也
杜祁公語錄一卷
陳氏曰不知何人作
文潞公私記一卷

《静修先生文集》22卷

作者:（元）刘因 撰　　**装帧: 线装**　　**纸张: 黄麻纸**

版本: 元至顺元年（1330年）宗文堂刻本

《静修先生文集》是元代哲学家、文学家刘因的诗文集。刘因对诸葛亮“静以修身”之语很是欣赏，故自号“静修”，所刊行文集也称之为《静修先生文集》。

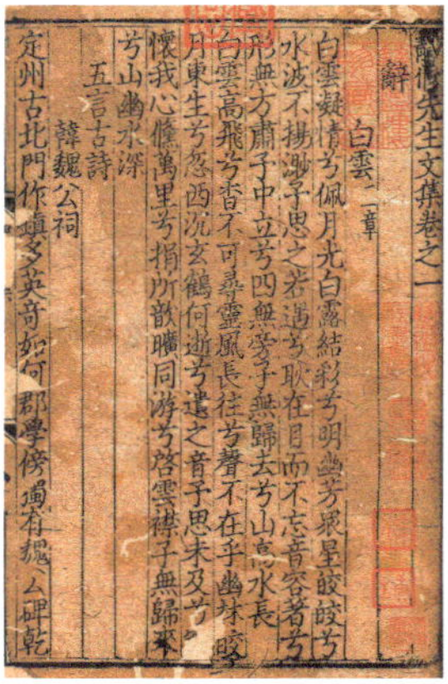
靜修先生文集卷之一
辭
白雲一章
白雲凝情兮佩月光白露結彩兮明幽芳衆星皎皎兮
水波不揚渺予思之若遇兮耿在目而不忘音容著兮
形無方肅予中立兮四無旁予無歸去兮山高水長
白雲高飛兮杳不可尋靈風長往兮聲不在乎幽林寥
月東生兮忽西沉玄鶴何逝兮遺之音予思未及兮
懷我心修萬里兮指所歆曠同游兮陪雲襟予無歸來
兮山幽水深
五言古詩
韓魏公祠
定州古北門作鎮多英奇如何郡學傍獨有魏公碑乾

《礼书》150卷

作者：（宋）陈祥道 撰　**装帧：**蝴蝶装　**纸张：**白麻纸

版本：元至正七年（1347年）福州路刻本

《礼书》详细考证了古代礼仪制度，结合历史文献与出土实物对《仪礼》《周礼》《礼记》等著作进行注解和补充，整理和辨析了吉礼、凶礼、宾礼、军礼、嘉礼等五礼制度。书中还对器物、服饰、仪节等进行详细描述，并且配有插图，对研究宋代以前的礼制有重要参考价值。

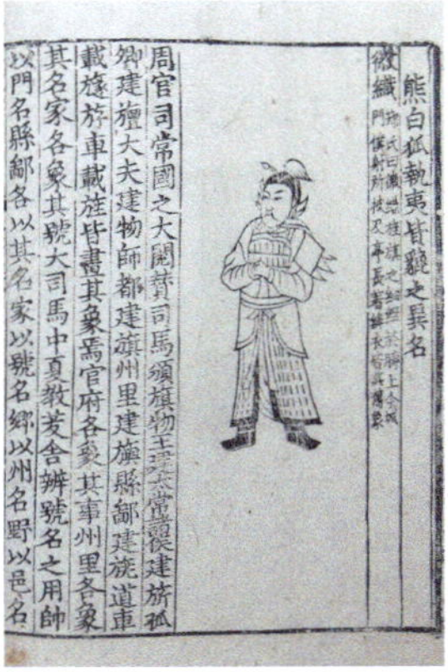

《附释音周礼注疏》42卷

作者：（汉）郑玄 注（唐）贾公彦 疏　**装帧：**线装

版本：元刻明修本　**纸张：**竹纸

《附释音周礼注疏》是《周礼》的重要注疏版本，包括原文、注疏、释音，属于儒家经典“十三经注疏”之一。该书是研究中国古代礼制、政治制度及儒家思想的重要书籍。

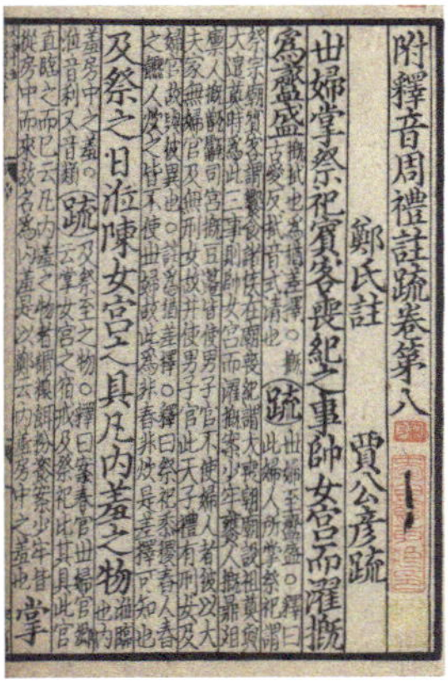

《孟子》14卷

作者：（宋）朱熹 集注　**装帧：**线装

版本：明正统间刻本　**纸张：**绵纸

《孟子》记录了战国时期思想家孟子及其弟子的言行与思想，由孟子及其弟子万章、公孙丑等人共同编纂。本书是南宋学者朱熹对《孟子》一书的系统注解，该注本既对孟子思想进行了总结，又融入了朱熹的理学思想，是研究宋明理学的重要著作。

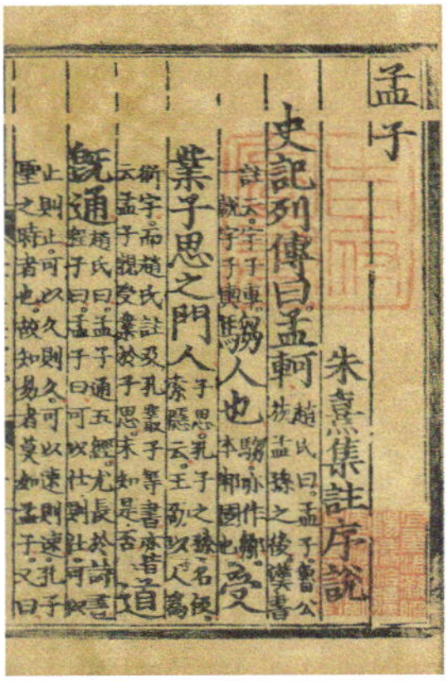

《史记》130卷

作者：（汉）司马迁 撰　　**装帧：**线装　　**纸张：**绵纸

版本：明嘉靖四至六年（1525年—1527年）震泽王延喆刻本

《史记》是中国历史上第一部纪传体史书，由西汉著名史学家司马迁撰写。该书记载了从上古时期的黄帝时代到汉武帝太初年间，共3000多年的历史。《史记》不仅是一部史书，更是一部思想巨著和文学经典，被鲁迅誉为“史家之绝唱，无韵之离骚”。

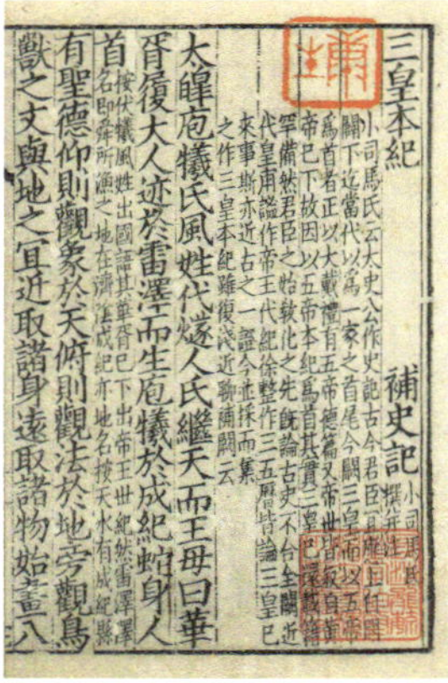
三皇本紀
補史記　小司馬氏撰并注
小司馬氏云太史公作史記古今君臣宜應上自開闢下迄當代以爲一家之首尾今闕三皇而以五帝爲首者正以大戴禮有五帝德篇又帝繫皆叙自黄帝已下故因以五帝本紀爲首其實三皇已還載籍罕備然君臣之始教化之先既論古史不合全闕近代皇甫謐作帝王代紀徐整作三五歷紀皆論三皇已來事斯亦近古之一證今並採而集之作三皇本紀雖復淺近聊補闕云
太皞庖犧氏風姓代燧人氏繼天而王母曰華胥履大人迹於雷澤而生庖犧於成紀蛇身人首
按伏犧風姓出國語其華胥已下出帝王世紀然雷澤澤名即舜所漁之地在濟陰成紀亦地名按天水有成紀縣
有聖德仰則觀象於天俯則觀法於地旁觀鳥獸之文與地之宜近取諸身遠取諸物始畫八

《初学记》30卷

作者：（唐）徐坚 撰　　**装帧：**线装　　**纸张：**白绵纸

版本：明嘉靖十年（1531年）锡山安国桂坡馆刻本

《初学记》是唐代徐坚编撰的一部综合性类书，兼具知识汇编与启蒙教材的功能。其书取材于群经诸子、历代诗赋及唐初诸家作品，保存了很多古代典籍的零篇单句，内容广博，体例简明。与虞世南《北堂书钞》、欧阳询《艺文类聚》并称“唐代三大类书”。

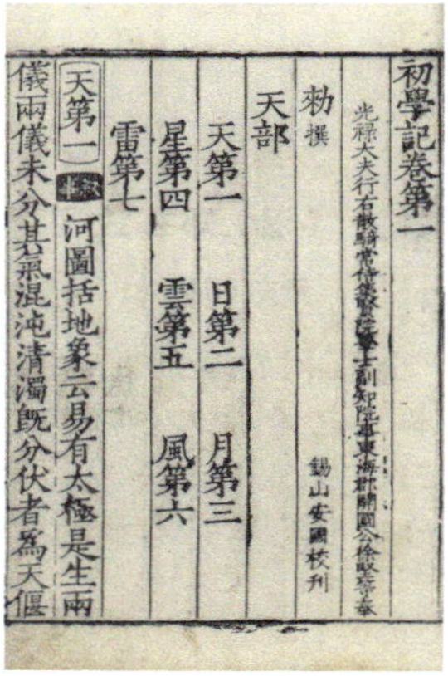
初學記卷第一
光祿大夫行右散騎常侍集賢院學士副知院事東海郡開國公徐堅等奉
勑撰
錫山安國校刊
天部
天第一　日第二　月第三
星第四　雲第五　風第六
雷第七
天第一
敘事
河圖括地象云易有太極是生兩儀兩儀未分其氣混沌清濁既分伏者爲天偃

《老子道德经》2卷

作者：（先秦）老子 撰　　**装帧：**线装　　**纸张：**白绵纸

版本：明嘉靖十二年（1533年）顾春世德堂刻本

《老子道德经》是中国古代哲学经典之一，相传为春秋时期思想家老子（李耳）所著。全文约5000字，分为81章，以简练的韵文形式阐述以“道”与“德”为核心的哲学思想，对道家思想、中国文化乃至世界哲学产生了深远影响。

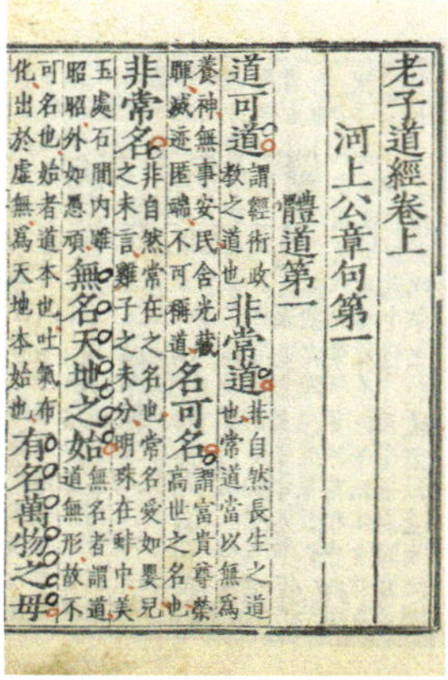
老子道經卷上
河上公章句第一
體道第一
道可道　謂經術政教之道也
非常道　非自然長生之道也常道當以無爲養神無事安民含光藏暉滅迹匿端不可稱道
名可名　謂富貴尊榮高世之名也
非常名　非自然常在之名也常名愛如嬰兒之未言雞子之未分明珠在蚌中美玉處石間內雖昭昭外如愚頑
無名天地之始　無名者謂道道無形故不可名也始者道本也吐氣布化出於虛無爲天地本始也
有名萬物之母

《水经注》40卷

作者：（北魏）郦道元 注　**装帧：**线装　**纸张：**白绵纸

版本：明嘉靖十三年（1534年）黄省曾刻本

《水经注》是中国古代较完整的一部以记载河道水系为主的综合性地理著作，北魏时期郦道元以注释汉代《水经》为基础，系统梳理了中国古代的水系脉络，记录大小河流1200余条，并融合沿岸地理、历史、民俗、文学等内容，具有很高的学术价值与文学价值。

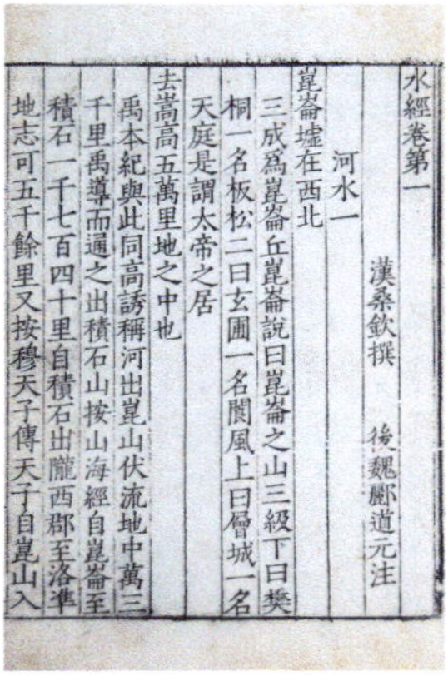
水經卷第一　漢桑欽撰　後魏酈道元注
河水一
崑崙墟在西北
三成爲崑崙丘崑崙說曰崑崙之山三級下曰樊
桐一名板松二曰玄圃一名閬風上曰層城一名
天庭是謂太帝之居
去嵩高五萬里地之中也
禹本紀與此同高誘稱河出崑山伏流地中萬三
千里禹導而通之出積石山按山海經自崑崙至
積石一千七百四十里自積石出隴西郡至洛準
地志可五千餘里又按穆天子傳天子自崑山入

《新刻山海经》18卷《图》2卷

作者：（晋）郭璞 传　**装帧：**线装

版本：明万历间胡文焕刻本　**纸张：**竹纸

《山海经》是中国古代一部集地理、神话、民俗、物产内容于一体的著作，其内容涵盖山川地理、异兽神怪、巫术祭祀等，保存了夸父逐日、女娲补天、精卫填海、大禹治水等远古神话传说，被誉为“上古社会的百科全书”。

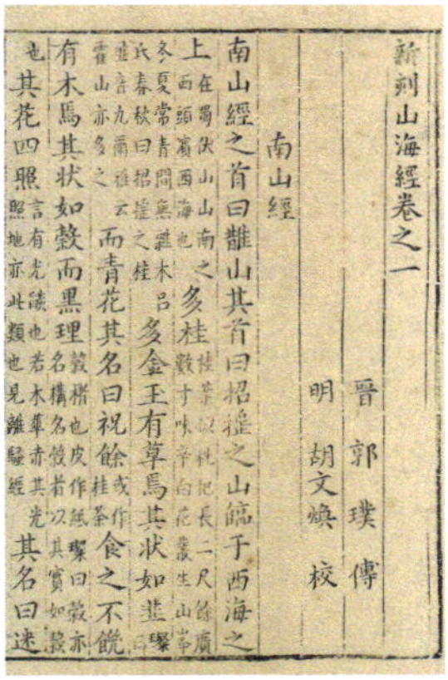
新刻山海經卷之一
晉　郭璞傳
明　胡文煥校
南山經
南山經之首曰䧿山其首曰招搖之山臨于西海之
上在蜀伏山山南之西頭濱西海也多桂桂葉似枇杷長二尺餘廣數寸味辛白花叢生山峯冬夏常青間無雜木呂氏春秋曰招搖之桂多金玉有草焉其狀如韭璨曰韭音九爾雅云霍山亦多之而青花其名曰祝餘或作桂茶食之不饑
有木焉其狀如穀而黑理穀楮也皮作紙璨曰穀亦名構名穀者以其實如穀也其花四照言有光燄也若木華赤其光照地亦此類也見離騷經其名曰迷

《方氏墨谱》6卷

作者：（明）方于鲁 撰　**装帧：**线装

版本：明万历间方氏美荫堂刻本　**纸张：**白绵纸

《方氏墨谱》是明代万历年间刊行的一部墨谱专著，由徽州制墨名家方于鲁编纂。全书分为6类（国宝、国华、博古、法宝、洪宝、博物），收录墨锭图样385式，系统记录了明代徽墨的原料配方、工艺流程、装饰技法，集中展现了明代徽州制墨工艺的巅峰成就。

《耳谭》10卷

作者：（明）王同轨 撰　　**装帧：**线装（巾箱本）

版本：明万历间刻本　　**纸张：**白绵纸

《耳谭》为明代万历年间王同轨创作的笔记小说集。作为明代中后期文言小说中的佳作，该书兼有传奇、志怪、逸事3种题材，兼具文学趣味与史料价值。它采取巾箱本装帧形式，这种袖珍小书只有手掌大小，便于古人携带。

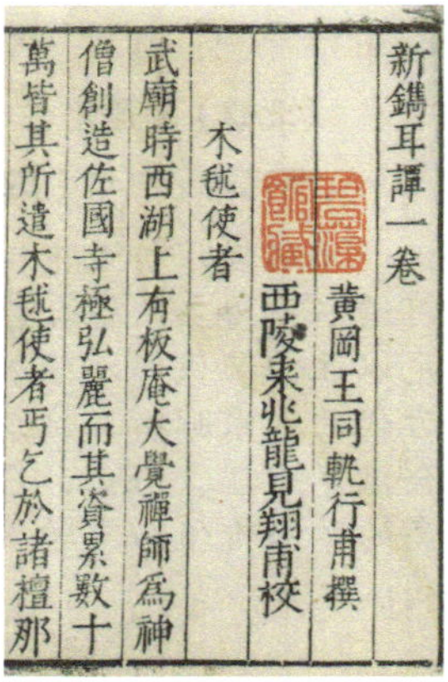
新鐫耳譚一卷
黄岡王同軌行甫撰
西陵耒兆龍見翔甫校
木毬使者
武廟時西湖上有板庵大覺禪師爲神
僧創造佐國寺極弘麗而其資累數十
萬皆其所遣木毬使者丐乞於諸檀那

《玉台新咏》10卷

作者：（南朝·梁）徐陵 撰　　**装帧：**线装　　**纸张：**竹纸

版本：明崇祯六年（1633年）赵氏小宛堂刻本

《玉台新咏》是南北朝时期文学家徐陵编纂的一部通代诗歌总集，收录了汉魏至梁代的诗歌作品，是继《诗经》《楚辞》之后的又一部诗歌总集，对后世文学发展影响深远。

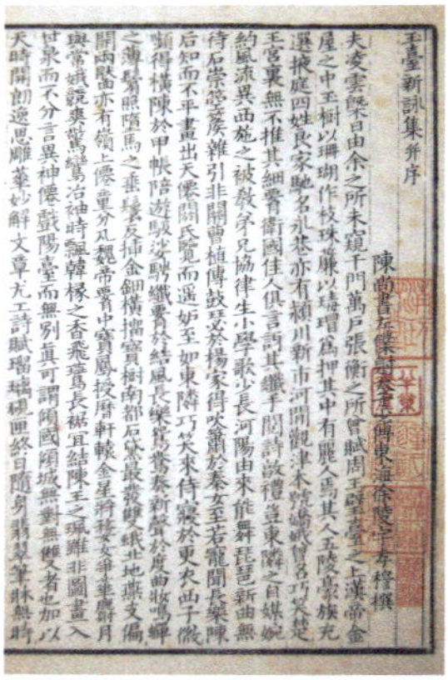
玉臺新詠集并序
陳尚書左僕射……

《大明一统志》90卷

作者：（明）李贤 等纂修　　**装帧：**线装

版本：明天顺间内府刻本　　**纸张：**白绵纸

《大明一统志》是明代官修的地理总志，沿袭了《大元一统志》的体例，以两京、十三布政司分区，每府、直隶州分建置沿革、郡名、形胜、风俗以至古迹、人物等十数目。

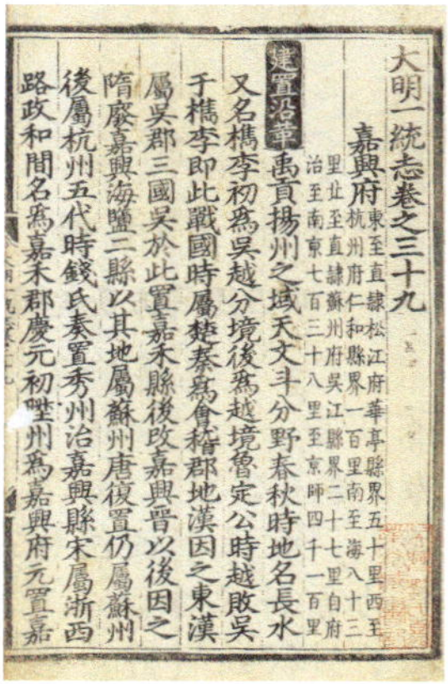
大明一統志卷之三十九
嘉興府東至直隷松江府華亭縣界五十里西至杭州府仁和縣界一百里南至海八十三里北至直隷蘇州府吳江縣界二十七里自府治至南京七百三十八里至京師四千一百里
建置沿革 禹貢揚州之域天文斗分野春秋時地名長水又名檇李初爲吳越分境後爲越境魯定公時越敗吳于檇李即此戰國時屬楚秦爲會稽郡地漢因之東漢屬吳郡三國吳於此置嘉禾縣後改嘉興晉以後因之隋廢嘉興海鹽二縣以其地屬蘇州唐復置仍屬蘇州後屬杭州五代時錢氏奏置秀州治嘉興縣宋屬浙西路政和間名爲嘉禾郡慶元初陞州爲嘉興府元置嘉

《御制资政要览》3卷

作者：（清）爱新觉罗·福临 撰　　**装帧：**线装

版本：清顺治十二年（1655年）内府刻本　　**纸张：**绵纸

《御制资政要览》是一部官修治国理政类典籍。该书从历代经史著作中辑录有关政事的论说，旨在总结历史经验、规范君臣行为。该书虽是清内府主持刻印，但犹存明内府刻书的遗韵。

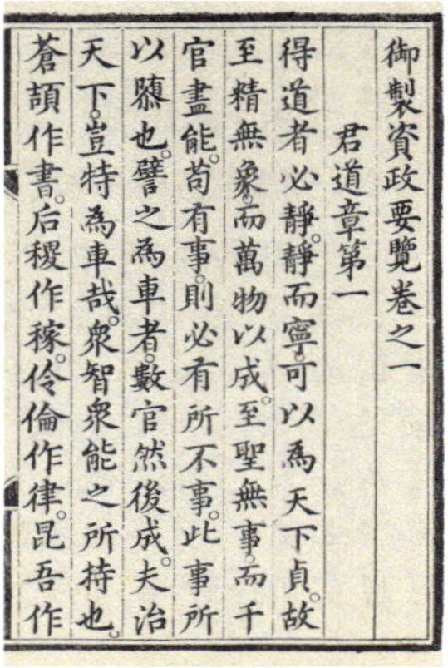
御製資政要覽卷之一
君道章第一
得道者必靜靜而寧可以為天下貞故
至精無象而萬物以成至聖無事而千
官盡能苟有事則必有所不事此事所
以聽也譬之為車者數官然後成夫治
天下豈特為車哉衆智衆能之所持也
蒼頡作書后稷作稼伶倫作律昆吾作

《论语》10卷

作者：（宋）朱熹 集注　　**装帧：**线装

版本：清康熙间内府刻本　　**纸张：**开化纸

《论语》是儒家经典著作之一，记录了春秋时期孔子及其弟子的言行，集中体现了孔子及儒家学派的政治主张、伦理思想、道德观念、教育原则等。自宋代以后，《论语》被列为“四书”之一，是古代学校官定教科书和科举考试必读书。它不仅是中国古代社会的思想基石，更深刻影响了中华文明的价值体系、文化传统。

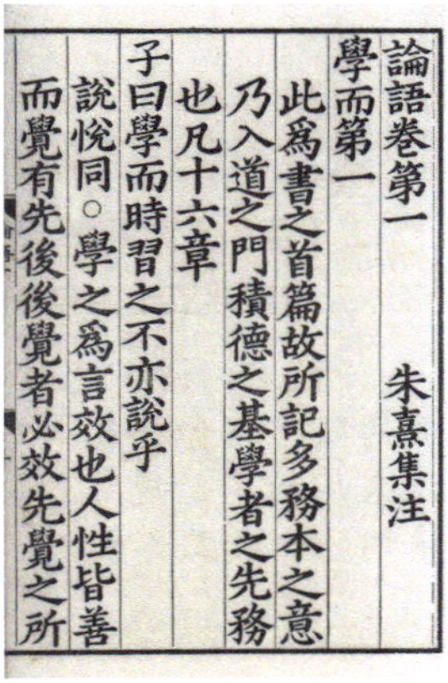
論語卷第一　朱熹集注
學而第一
此為書之首篇故所記多務本之意
乃入道之門積德之基學者之先務
也凡十六章
子曰學而時習之不亦說乎
說悅同。學之為言效也人性皆善
而覺有先後後覺者必效先覺之所

《大学》1卷

作者：（春秋）曾参 编著　　**装帧：**线装

版本：清康熙间内府刻本　　**纸张：**开化纸

《大学》相传为孔子弟子曾参所作，记录并阐释了孔子关于“修身为本”的思想，提出了修身、齐家、治国、平天下的道理，强调从个人修养到治理国家的连贯性。该书以小篆书写，字形古朴，为少见的篆文本典籍。

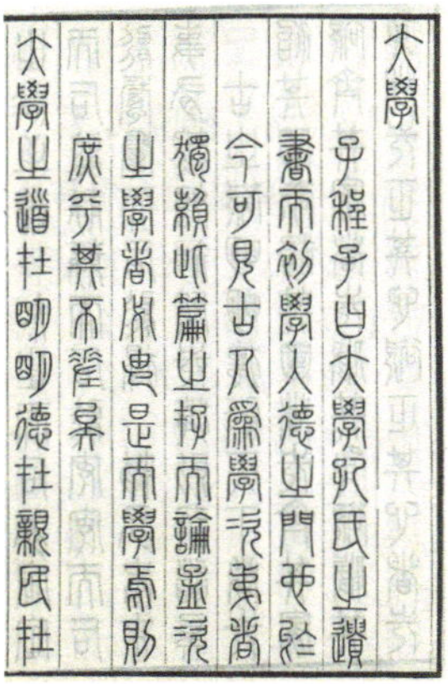
子程子曰大學孔氏之遺
書而初學入德之門也於
今可見古人為學次第者
獨賴此篇之存而論孟次
之學者必由是而學焉則
庶乎其不差矣
大學之道在明明德在親民在

《周易本义》12卷 附《易图》等

作者：（宋）朱熹 注　**装帧：**线装　**纸张：**开化纸

版本：清康熙五十三年（1714年）内府刻本

《周易》是中国古代最重要的哲学经典之一，被誉为“群经之首”“大道之源”，对中国哲学、文学、文化、科学及社会伦理产生了深远影响。朱熹认为“上古之书，莫尊于《易》”，但汉代以来学者对《周易》的研究偏离了本义，于是他撰写了《周易本义》，以理学思想重新诠释《周易》。

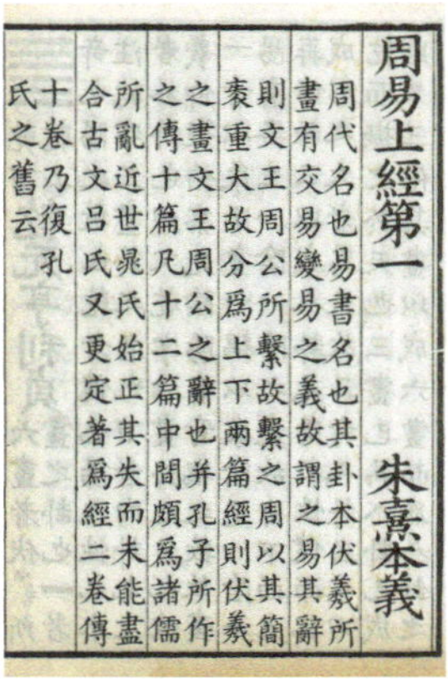
周易上經第一　朱熹本義
周代名也易書名也其卦本伏羲所畫有交易變易之義故謂之易其辭則文王周公所繫故繫之周以其簡袠重大故分爲上下兩篇經則伏羲之畫文王周公之辭也并孔子所作之傳十篇凡十二篇中間頗爲諸儒所亂近世晁氏始正其失而未能盡合古文吕氏又更定著爲經二卷傳十卷乃復孔氏之舊云

《钦定词谱》40卷

作者：（清）王奕清 等编　**装帧：**线装　**纸张：**开化纸

版本：清康熙五十四年（1715年）内府朱墨套印本

《钦定词谱》是由清代学者王奕清等人编修而成的研究词体格律的著作。该书系统整理了唐宋以来词的声韵规律，规范了词的创作规则，成为填词的权威工具书。

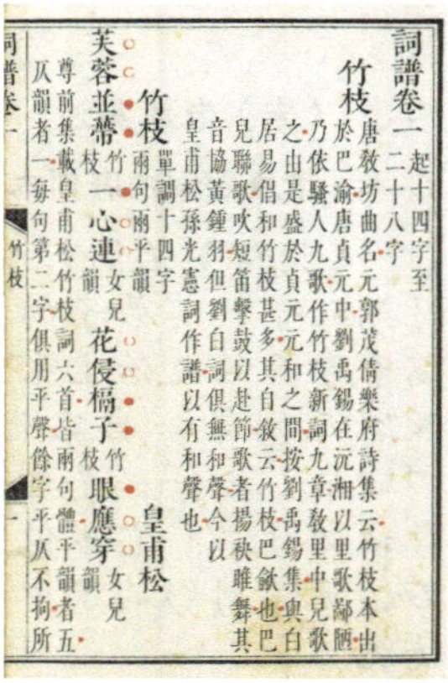
詞譜卷一　起十四字至二十八字
竹枝　唐教坊曲名元郭茂倩樂府詩集云竹枝本出於巴渝唐貞元中劉禹錫在沅湘以里歌鄙陋乃依騷人九歌作竹枝新詞九章教里中兒歌之由是盛於貞元元和之間按劉禹錫集與白居易倡和竹枝甚多其自敘云竹枝巴歈也巴兒聯歌吹短笛擊鼓以赴節歌者揚袂睢舞其音協黃鍾羽但劉白詞俱無和聲今以皇甫松孫光憲詞作譜以有和聲也
竹枝　單調十四字　兩句兩平韻
皇甫松
芙蓉並蔕竹枝一心連女兒韻　花侵槅子竹枝眼應穿女兒韻
尊前集載皇甫松竹枝詞六首皆兩句體平韻者五仄韻者一每句第二字俱用平聲倚字平仄不拘所
詞譜卷一　竹枝　一

《钦定四库全书·三鱼堂四书大全》41卷

作者：（清）陆陇其 纂　**装帧：**包背装

版本：清乾隆间内府写本（文渊阁藏本）　**纸张：**绵纸

《三鱼堂四书大全》是清初理学家陆陇其对明代官修《四书大全》进行批判性整理和补充的著作。该书版本为《钦定四库全书》本。《钦定四库全书》曾缮写7部，分藏文渊、文源、文津、文宗、文汇、文溯、文澜7阁。其中，文源阁及藏书被英法联军焚毁，文汇阁、文宗阁及藏书先后毁于太平天国运动的战火，文澜阁所藏亦多散失，经补抄得全。此本为曾存于北京紫禁城文渊阁的藏本。

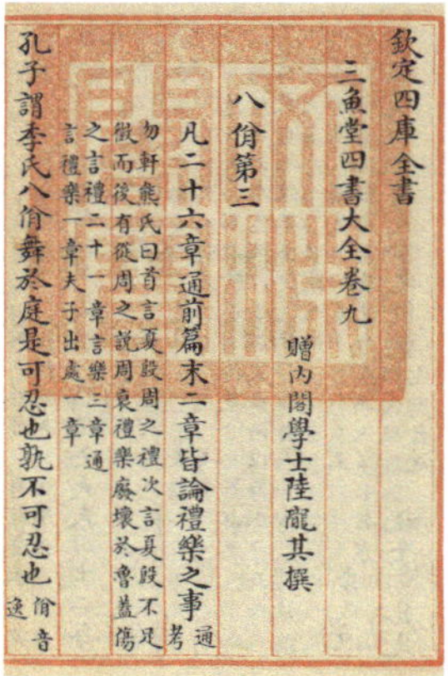
欽定四庫全書
三魚堂四書大全卷九
贈内閣學士陸隴其撰
八佾第三
凡二十六章通前篇末二章皆論禮樂之事 通考
勿軒熊氏曰首言夏殷周之禮次言夏殷不足徵而後有從周之説周衰禮樂廢壞於魯蓋傷之言禮二十一章言樂三章通言禮樂一章夫子出處一章
孔子謂季氏八佾舞於庭是可忍也孰不可忍也 佾音逸

《钦定四库全书·柏斋集》11卷

作者：（明）何瑭 撰　**装帧：**包背装　**纸张：**坚白太史连纸

版本：清乾隆间内府写本（文澜阁藏本）

《柏斋集》是明代中期理学家、文学家何瑭的诗文集，收录了何瑭的奏疏、书信、序跋、杂著、诗文等作品，涵盖其学术思想、政治主张及文学创作。该书版本为《钦定四库全书》本，是藏于浙江杭州文澜阁的藏本。

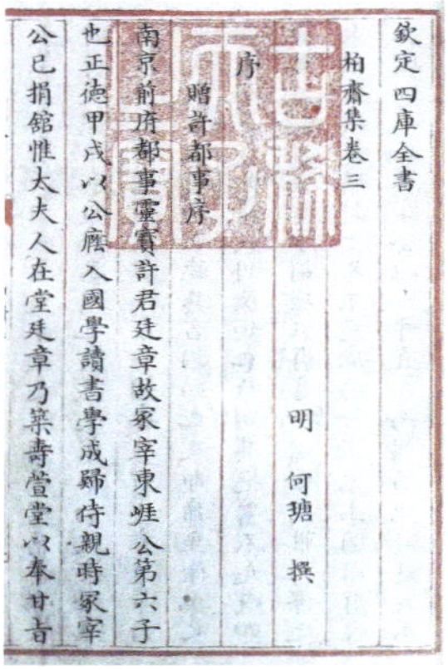
欽定四庫全書
柏齋集卷三　明　何瑭　撰
序
贈許都事序
南京前府都事靈寶許君廷章故冢宰東崖公第六子
也正德甲戌以公廕入國學讀書學成歸侍親時冢宰
公已捐館惟太夫人在堂廷章乃築壽萱堂以奉甘旨

《武英殿聚珍版办书程式》1卷

作者：（清）金简 撰　**装帧：**线装

版本：清乾隆间内府写本　**纸张：**开化纸

《武英殿聚珍版办书程式》是一部关于活字印刷技术规范与书籍印刷流程的著作。全书主要记录了"武英殿聚珍版"（即木活字印刷术）的工艺标准和管理制度，弥补了此前中国活字印刷"重实践、轻记录"的空白。作者金简还指导工匠以木活字印刷术印刷了"武英殿聚珍版丛书"，该丛书是采用木活字印刷的大型丛书，共印刷130余种典籍，是中国历史上规模最大的木活字印刷工程。

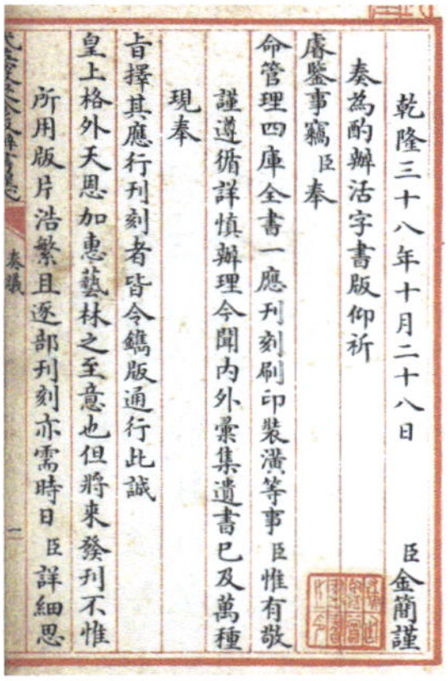
乾隆三十八年十月二十八日　臣金簡謹
奏為酌辦活字書版仰祈
睿鑒事竊臣奉
命管理四庫全書一應刊刻刷印裝潢等事臣惟有敬
謹遵循詳慎辦理今聞內外彙集遺書已及萬種
現奉
旨擇其應行刊刻者皆令鐫版通行此誠
皇上格外天恩加惠藝林之至意也但將來發刊不惟
所用版片浩繁且逐部刊刻亦需時日臣詳細思

《毛诗》20卷

作者：（汉）毛亨 传　**装帧：**线装

版本：清中期刻本　**纸张：**竹纸

《诗经》是中国最早的诗歌总集，收录了西周初年至春秋中叶的诗歌305篇，分为《风》《雅》《颂》3部分。它不仅是中国文学的源头，更是中华文明的文化基因库，其价值跨越文学、历史、思想、语言等多个领域，对后世影响深远。《毛诗》则指汉初毛亨、毛苌所传《诗经》的注本。

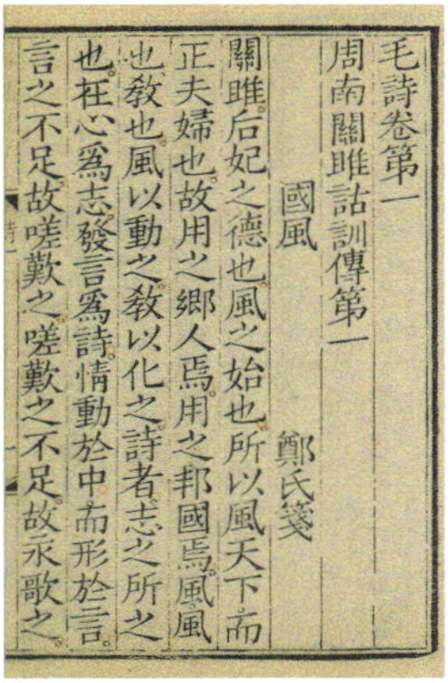
毛詩卷第一
周南關雎詁訓傳第一　國風　鄭氏箋
關雎后妃之德也風之始也所以風天下而
正夫婦也故用之鄉人焉用之邦國焉風風
也教也風以動之教以化之詩者志之所之
也在心爲志發言爲詩情動於中而形於言
言之不足故嗟歎之嗟歎之不足故永歌之

《楚辞集注》8卷

作者：（汉）刘向 编（宋）朱熹 集注　　**装帧：**线装

版本：清光绪间遵义黎氏刻本　　**纸张：**皮纸

《楚辞》是中国古代第一部由文人创作的文学总集，由西汉学者、文学家刘向编辑而成。书中保存了战国时期屈原、宋玉及后世受其影响而进行创作的作家的作品，包括《离骚》《九歌》《天问》《九章》等著名篇章，开启了中国文学浪漫主义传统。南宋时，著名学者朱熹对《楚辞》进行了注解，编纂成《楚辞集注》。

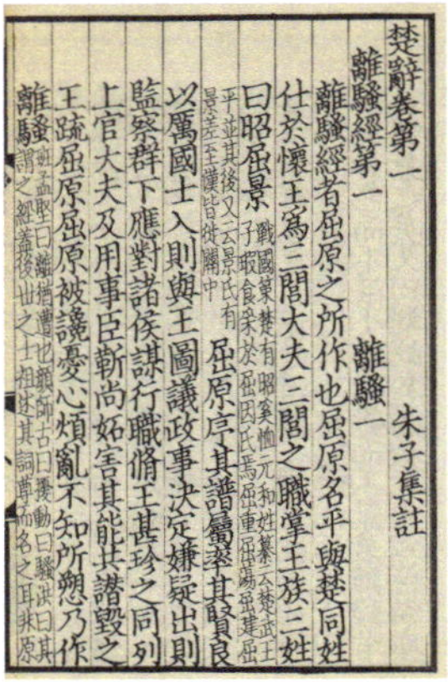
楚辭卷第一　朱子集註
離騷經第一　離騷一
離騷經者屈原之所作也屈原名平與楚同姓
仕於懷王爲三閭大夫三閭之職掌王族三姓
曰昭屈景　屈原序其譜屬率其賢良
以厲國士入則與王圖議政事決定嫌疑出則
監察群下應對諸侯謀行職脩王甚珍之同列
上官大夫及用事臣靳尚妬害其能共譖毀之
王疏屈原屈原被讒憂心煩亂不知所愬乃作
離騷

《孙子兵法》13卷

作者：（春秋）孙武 著　　**装帧：**线装　　**纸张：**连史纸

版本：清光绪三年（1877年）浙江书局刻本

《孙子兵法》成书于春秋末期，全书共有6000字左右，共13篇。是世界现存最早的军事理论著作，在中国军事史上占有举足轻重的地位。其军事思想对中国历代军事家、政治家、思想家产生了非常深远的影响，先后被译成十几种文字，在世界各地广为流传，享有“兵学圣典”的美誉。

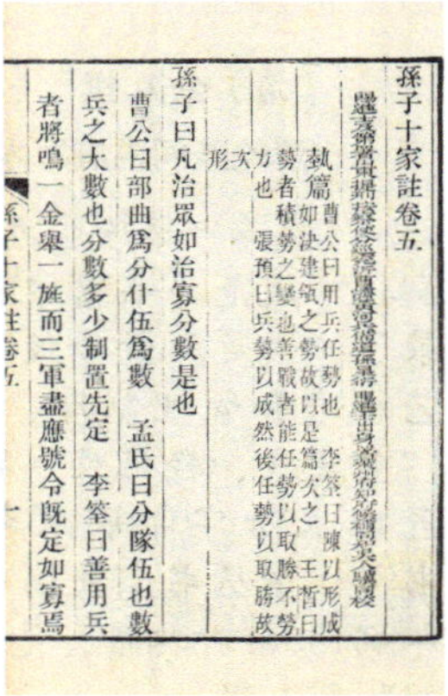
孫子十家註卷五
勢篇　曹公曰用兵任勢也　李筌曰陳以形成
如決建瓴之勢故以是篇次之　王晳曰
勢者積勢之變也善戰者能任勢以取勝不勞
力也　張預曰兵勢以成然後任勢以取勝故
次形
孫子曰凡治衆如治寡分數是也
曹公曰部曲爲分什伍爲數　孟氏曰分隊伍也數
兵之大數也分數多少制置先定　李筌曰善用兵
者將鳴一金舉一旆而三軍盡應號令既定如寡焉

《尔雅音图》3卷

作者：（晋）郭璞 注　　**装帧：**线装

版本：清嘉庆六年（1801年）艺学轩刻本　　**纸张：**宣纸

《尔雅》是中国最早的一部解释词义的训诂专著，它是战国至西汉初年长期积累、逐步编纂而成的集体成果。它把“古今之异言”和“方俗之殊语”以及各种名物加以全面、系统地研究和整理，其分类体系（释天、释地、释亲等）开创了中国古代辞书的编纂范式。东晋时期，学者郭璞为《尔雅》作了注释，推动了对《尔雅》的研究。

《战国策》33卷

作者：（汉）高诱 注　**装帧：**线装　**纸张：**连史纸

版本：清光绪三年（1877年）胡氏退补斋刻本

《战国策》为中国古代史学名著，分为东周、西周、秦、齐等12策，共33篇。该书主要记录战国时期策士们的言行和谋略，涉及战国时期各国的政治、军事、外交方面的活动情况和社会面貌，还记录了许多著名的历史事件和人物，比如苏秦、张仪的合纵连横，邹忌讽齐王纳谏，荆轲刺秦王等。

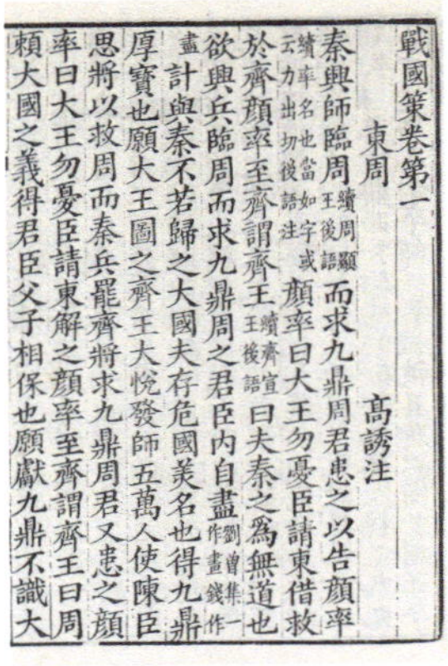
戰國策卷第一
東周　高誘注
秦興師臨周續周顯王後語而求九鼎周君患之以告顏率續率名也當如字或云力出切後語注顏率曰大王勿憂臣請東借救
於齊顏率至齊謂齊王續齊宣王後語曰夫秦之為無道也
欲興兵臨周而求九鼎周之君臣內自盡劉曾集一作畫錢作
計與秦不若歸之大國夫存危國美名也得九鼎
厚寶也願大王圖之齊王大悅發師五萬人使陳臣
思將以救周而秦兵罷齊將求九鼎周君又患之顏
率曰大王勿憂臣請東解之顏率至齊謂齊王曰周
賴大國之義得君臣父子相保也願獻九鼎不識大

《千字文》不分卷

作者：（南朝·梁）周兴嗣 次韵　**装帧：**线装

版本：清末京都隆福寺文奎堂刻本　**纸张：**竹纸

《千字文》由南北朝时期周兴嗣奉梁武帝之命编纂而成。据《梁书》记载，梁武帝为教育子侄，命人从王羲之书法作品中选取1000个不重复的汉字，要求周兴嗣将其编排成文。《千字文》以四言韵文形式呈现，共250句，1000字无一重复，内容包罗万象。《千字文》与《三字经》《百家姓》并称“三百千”，是传统文化启蒙教育的重要书籍。

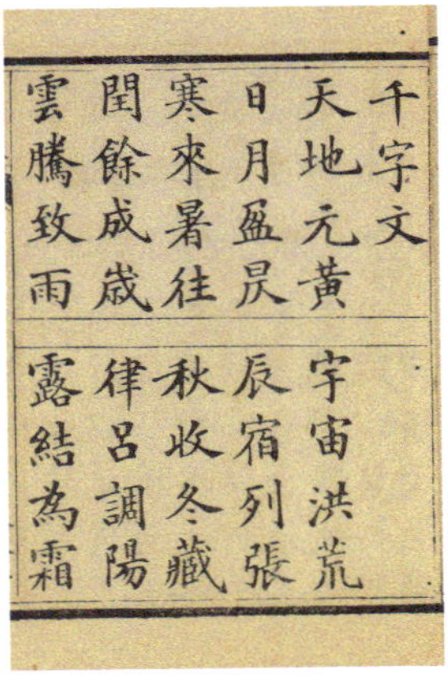
千字文
天地元黃　宇宙洪荒
日月盈昃　辰宿列張
寒來暑往　秋收冬藏
閏餘成歲　律呂調陽
雲騰致雨　露結為霜

《茶经》3卷

作者：（唐）陆羽 撰　**装帧：**线装　**纸张：**竹纸

版本：清顺治三年（1646年）宛委山堂刻本

《茶经》是中国乃至世界历史上第一部系统论述茶的专著，由唐代陆羽所著。该书共10章，分为3卷，涵盖茶的起源、制茶工具、茶叶制作、煮茶器具、煮茶方法、饮茶风俗、历史记载等。这些内容是陆羽在总结前人经验的基础上结合自身实践撰写的，以其深厚的文化价值被后人誉为“茶文化的百科全书”，对茶文化的发展影响深远。

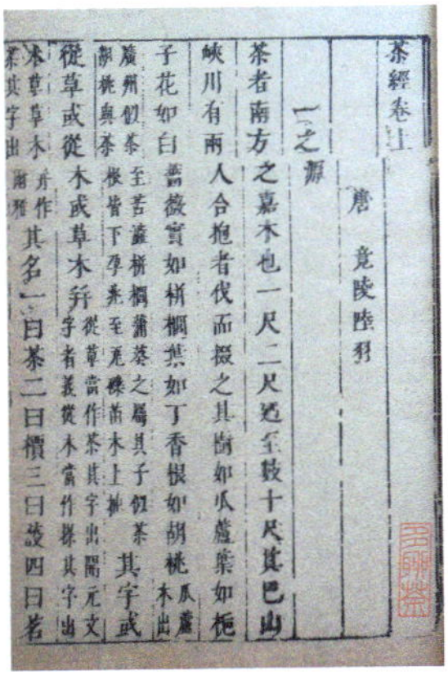
茶經卷上
唐　竟陵陸羽
一之源
茶者南方之嘉木也一尺二尺迺至數十尺其巴山
峽川有兩人合抱者伐而掇之其樹如瓜蘆葉如梔
子花如白薔薇實如栟櫚莖如丁香根如胡桃
其字或從草或從木或草木并
其名一曰茶二曰檟三曰蔎四曰茗

《绣像三国演义》120回

作者：（明）罗贯中 撰　　**装帧：**线装

版本：清刻本　　**纸张：**竹纸

《三国演义》为元末明初小说家罗贯中根据陈寿《三国志》以及后世有关三国的传说、文学作品，经过艺术加工再创作而成的长篇章回体历史演义小说。与《西游记》《水浒传》《红楼梦》并称为中国古典长篇小说四大名著。

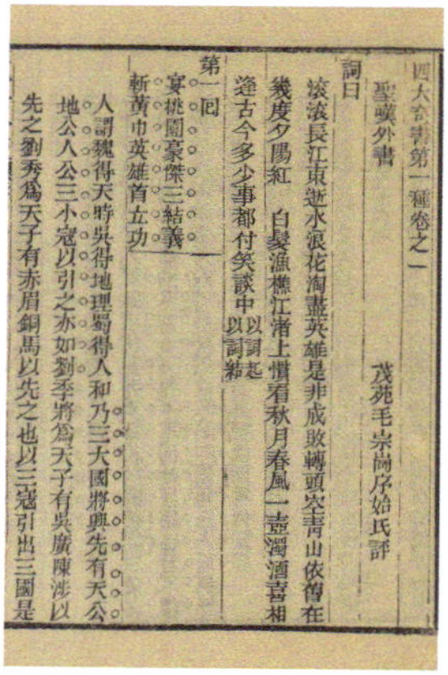
四大奇書第一種卷之一
聖嘆外書　　茂苑毛宗崗序始氏評
詞曰
滾滾長江東逝水浪花淘盡英雄是非成敗轉頭空青山依舊在幾度夕陽紅　白髮漁樵江渚上慣看秋月春風一壺濁酒喜相逢古今多少事都付笑談中　以詞起
第一回
宴桃園豪傑三結義
斬黃巾英雄首立功
人謂魏得天時吳得地理蜀得人和乃三大國將興先有天公地公人公三小寇以引之亦如劉季爲天子有吳廣陳涉以先之劉秀爲天子有赤眉銅馬以先之也以三寇引出三國是

《寄青霞馆弈选》8卷

作者：（清）王存善 辑　　**装帧：**线装

版本：清光绪间刻本　　**纸张：**连史纸

《寄青霞馆弈选》是清代学者王存善辑录的一部围棋古谱汇编。王存善是清末藏书家，其藏书楼“寄青霞馆”以收藏古籍、棋谱著称。他致力于整理古代围棋文献，编纂的《寄青霞馆弈选》主要收录明清两代围棋名家的经典对局棋谱，并附有评注与分析。

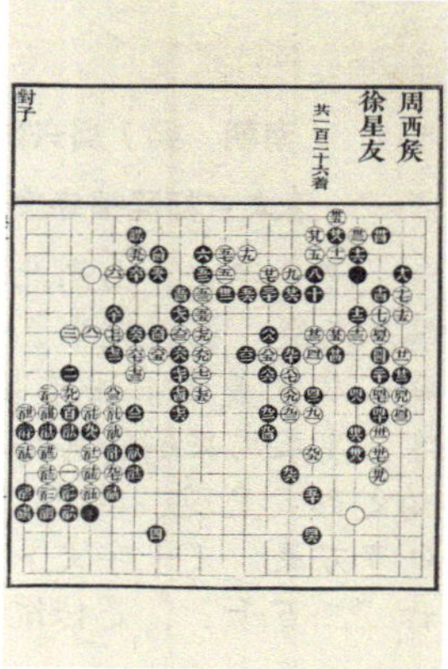

《五知斋琴谱》8卷

作者：（清）徐祺 辑　（清）周鲁封 汇辑　　**装帧：**线装

版本：清末红杏山房刻本　　**纸张：**竹纸

《五知斋琴谱》是清代康熙年间由琴学家徐祺草创、周鲁封汇辑的一部重要古琴谱集。全书共8卷，收录琴曲30余首，包括《潇湘水云》《秋鸿》《平沙落雁》《胡笳十八拍》等经典名曲，部分曲目为首次刊载或独家传谱。该书不仅是古琴技艺的实用指南，更是集琴曲、琴论、琴史于一体的综合性琴学文献。

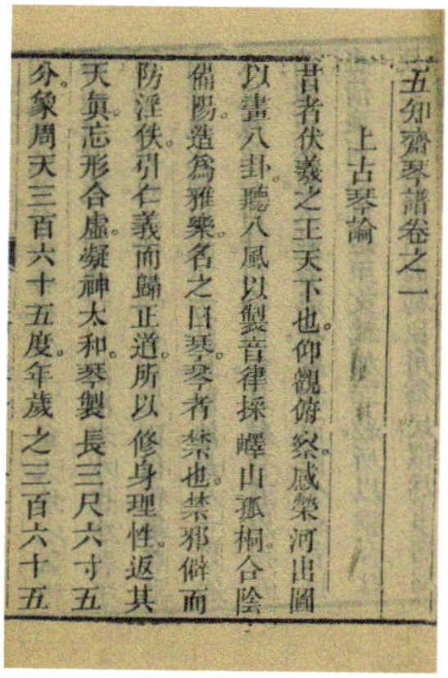
五知齋琴譜卷之一
上古琴論
昔者伏羲之王天下也仰觀俯察感榮河出圖以畫八卦聽八風以製音律採嶧山孤桐合陰陽選爲雅樂名之曰琴琴者禁也禁邪僻而防淫佚引仁義而歸正道所以修身理性返其天眞忘形合虛凝神太和琴製長三尺六寸五分象周天三百六十五度年歲之三百六十五

《孝经》1卷

作者：（春秋）孔子及其弟子 著　　**装帧：**线装

版本：1926年刻本　　**纸张：**皮纸

《孝经》是中国古代儒家经典之一，相传为孔子所述、曾子所记，实成书于战国至汉初。全文约1800字，分18章，以对话体阐发“孝道”思想，强调“孝”为德行之本，深刻塑造了古代中国的家庭观念与社会秩序，对中国传统文化和社会伦理影响深远。

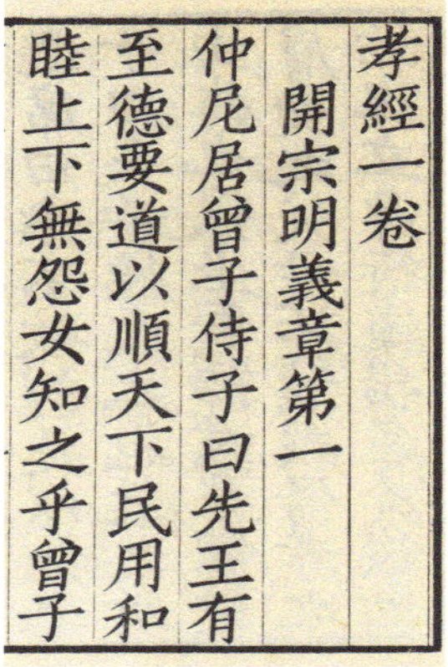

孝經一卷
開宗明義章第一
仲尼居曾子侍子曰先王有
至德要道以順天下民用和
睦上下無怨女知之乎曾子

《太平御览》一千卷

作者：（宋）李昉 等撰　　**装帧：**线装　　**纸张：**绵纸

版本：明万历二年（1574年）金属活字印本

《太平御览》是北宋时官方编纂的著名类书，以天、地、人、事、物为序，包罗万象。书中保存了大量宋以前的文献资料，因此弥足珍贵。明代万历时期，周光宇、周堂父子以金属活字印刷该书。

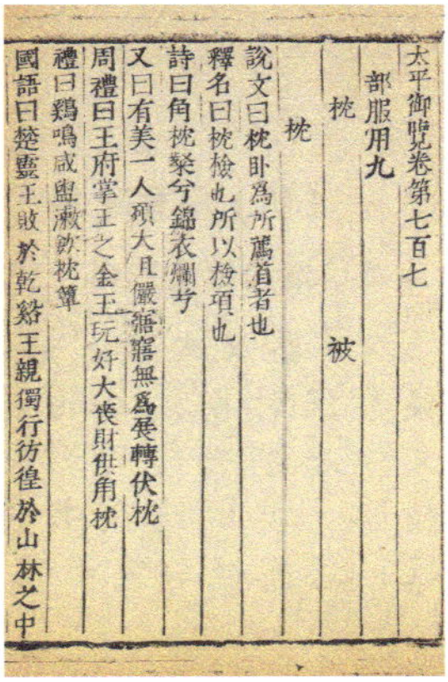

太平御覽卷第七百七
部服用九
枕　被
枕
說文曰枕卧所爲薦首者也
釋名曰枕檢也所以檢項也
詩曰角枕粲兮錦衾爛兮
又曰有美一人碩大且儼寤寐無爲展轉伏枕
周禮曰王府掌王之金玉玩好大喪財供角枕
禮曰鷄鳴咸盥漱斂枕簟
國語曰楚靈王敗於乾谿王親獨行彷徨於山林之中

《古今图书集成》一万卷《目录》40卷

作者：（清）陈梦雷 等编　　**装帧：**线装　　**纸张：**太史连纸

版本：清雍正四年（1726年）内府铜活字印本

《古今图书集成》为中国古代重要的文献百科全书，于清雍正四年（1726年）以铜活字印刷，仅印64部。它既是现存规模最大、数据最丰富的类书，也是中国古代以铜活字印刷卷帙最多的一部典籍。

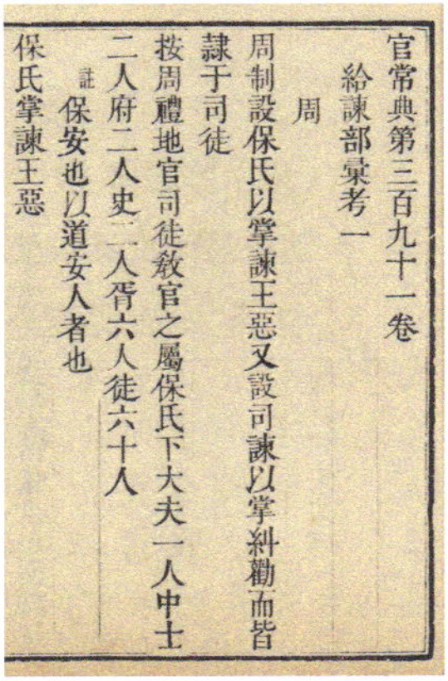

官常典第三百九十一卷
給諫部彙考一
周
周制設保氏以掌諫王惡又設司諫以掌糾勸而皆
隷于司徒
按周禮地官司徒敘官之屬保氏下大夫一人中士
二人府二人史二人胥六人徒六十人
註保安也以道安人者也
保氏掌諫王惡

《南华真经》16卷

作者：（先秦）庄子 撰 （晋）郭象 注

装帧：线装 **纸张：**白绵纸

版本：明万历三十六年（1608年）凌氏五色套印本

《南华真经》，又名《庄子》，是战国中后期庄子及其后学所著道家学说的汇总，为道家思想经典著作。其丰富的内容与博大精深的内涵，在我国哲学和文学宝库中占有重要的地位。该书采用了五色印刷，是明代套印颜色最多的一部典籍。

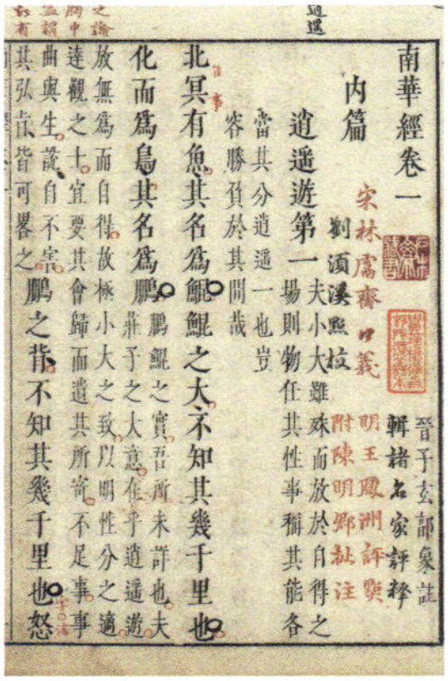
南華經卷一
晉子玄郭象注 輯諸名家評釋
內篇 宋林鬳齋口義 明王鳳洲評點 附陳明卿批注
逍遙遊第一
北冥有魚其名爲鯤鯤之大不知其幾千里也
化而爲鳥其名爲鵬鵬之背不知其幾千里也怒

《秦汉文钞》12卷

作者：（明）冯有翼 辑 **装帧：**线装 **纸张：**竹纸

版本：清光绪十三年（1887年）娄东味菜庐木活字印本

《秦汉文钞》是明代冯有翼编选的一部汇集秦汉时期文章的选集。冯有翼受明代复古文学思潮兴起的影响，致力于整理前代文学精华，其编选该书的标准是注重文章的实用性、思想性与艺术性。

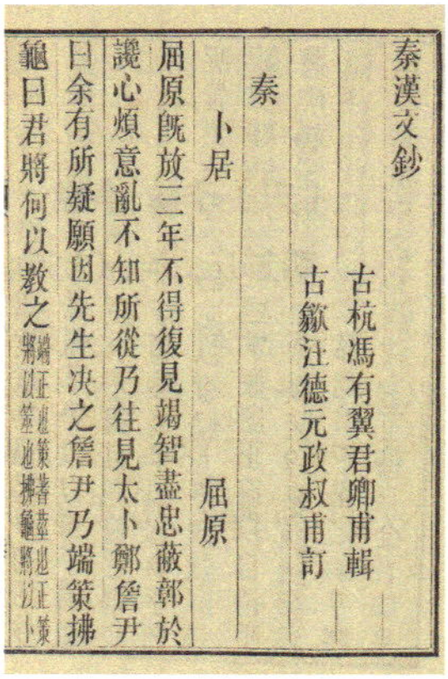
秦漢文鈔
古杭馮有翼君卿甫輯
古歙汪德元政叔甫訂
秦
卜居 屈原
屈原既放三年不得復見竭智盡忠蔽鄣於
讒心煩意亂不知所從乃往見太卜鄭詹尹
曰余有所疑願因先生決之詹尹乃端策拂
龜曰君將何以教之

《直斋书录解题》22卷

作者：（宋）陈振孙 撰 **装帧：**线装 **纸张：**开化纸

版本：清乾隆间武英殿聚珍版（木活字）印本

《直斋书录解题》是中国古代重要的私家目录学著作，由南宋学者陈振孙编撰。该书共著录先秦至南宋时期的图书3096种，按经、史、子、集四部分类，每书附有解题（即图书的内容介绍），在考证古籍存佚、辨识古籍真伪和校勘古籍异同等方面均有重要作用。

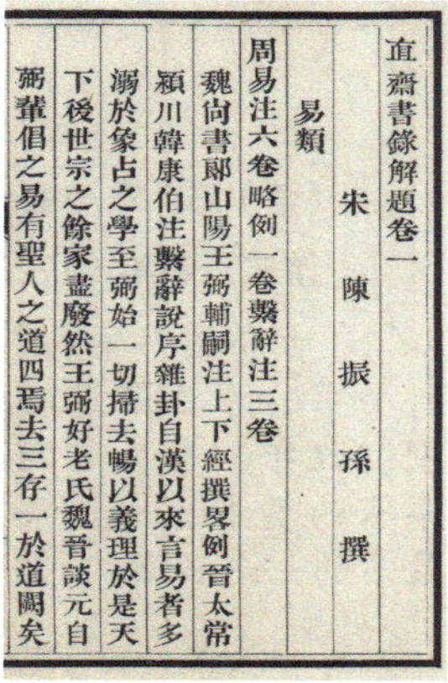
直齋書錄解題卷一
宋 陳 振 孫 撰
易類
周易注六卷略例一卷繫辭注三卷
魏尚書郎山陽王弼輔嗣注上下經撰畧例晉太常
潁川韓康伯注繫辭說序雜卦自漢以來言易者多
溺於象占之學至弼始一切掃去暢以義理於是天
下後世宗之餘家盡廢然王弼好老氏魏晉談元自
弼輩倡之易有聖人之道四焉去三存一於道闕矣

《红楼梦》120回

作者：（清）曹雪芹 撰 无名氏 续

装帧：线装　　**纸张：**开化纸

版本：清乾隆五十六年（1791年）
程伟元萃文书屋木活字印本（程甲本）

《红楼梦》是中国古典小说代表作品。清乾隆五十六年（1791年），由程伟元与高鹗共同整理，第一次以活字印刷的形式将《红楼梦》80回抄本与无名氏所续后40回补本合在一起印行，成为《红楼梦》第一个印本，被称为“程甲本”。

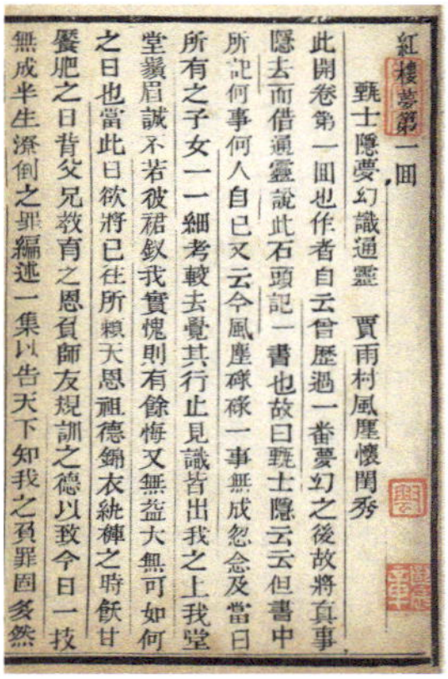
紅樓夢第一回
甄士隱夢幻識通靈　賈雨村風塵懷閨秀
此開卷第一回也作者自云曾歷過一番夢幻之後故將真事
隱去而借通靈說此石頭記一書也故曰甄士隱云云但書中
所記何事何人自已又云今風塵碌碌一事無成忽念及當日
所有之女子一一細考較去覺其行止見識皆出我之上我堂
堂鬚眉誠不若彼裙釵我實愧則有餘悔又無益大無可如何
之日也當此日欲將已往所賴天恩祖德錦衣紈袴之時飫甘
饜肥之日背父兄教育之恩負師友規訓之德以致今日一技
無成半生潦倒之罪編述一集以告天下知我之負罪固多然

《南疆绎史勘本》40卷

作者：(清)温睿临 撰 李瑶 勘定　**装帧：**线装　**纸张：**竹纸

版本：清道光十年（1830年）李氏仿宋胶泥活字印本

《南疆绎史勘本》是清代温睿临撰写、李瑶勘定的一部南明史著作。该书版式、字体均方正，墨色均匀，体现出古代泥活字印刷的高超技术。

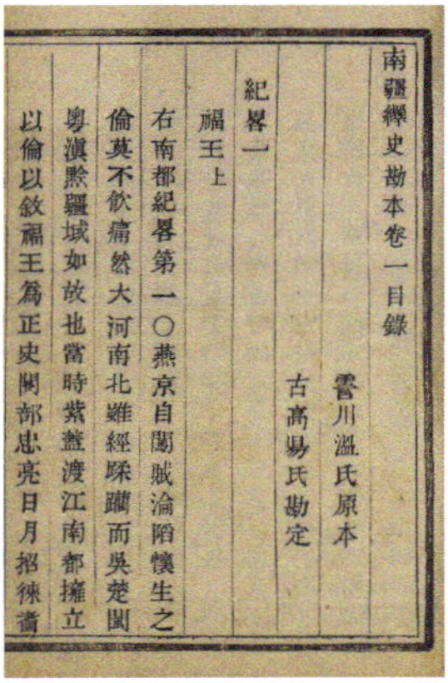
南疆繹史勘本卷一目錄
霅川溫氏原本
古高昜氏勘定
紀畧一
福王上
右南都紀畧第一〇燕京自闖賊淪陷懷生之
倫莫不欲痛然大河南北雖經蹂躪而吳楚閩
粵滇黔疆域如故也當時紫蓋渡江南都擁立
以倫以敘福王爲正史閣部忠亮日月招徠書

《世说新语》8卷

作者：（南朝·宋）刘义庆 撰　（南朝·梁）刘孝标 注

装帧：线装　　**纸张：**白绵纸

版本：明万历间吴兴凌氏五色套印本

《世说新语》是南朝宋刘义庆及其门客撰写的古小说集。全书分为德行、言语、政事、文学等36门，主要记载汉末至东晋士大夫的言谈、逸事。该书开了“志人小说”先河，对后代笔记文学颇有影响。刘孝标为该书作注释，所引书400余种，补充了大量史料，极大提升了原书的文献价值。

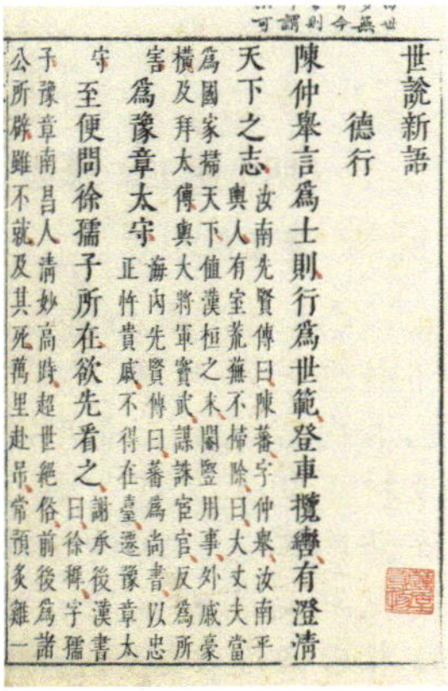
世說新語
德行
陳仲舉言爲士則行爲世範登車攬轡有澄清
天下之志 汝南先賢傳曰陳蕃字仲舉汝南平輿人有室荒蕪不掃除日大丈夫當
爲國家掃天下值漢桓之末閹豎用事外戚豪橫及拜太傅與大將軍竇武謀誅宦官反爲所害
爲豫章太守
至便問徐孺子所在欲先看之
予豫章南昌人清妙高跱超世絕俗前後爲諸
公所辟雖不就及其死萬里赴吊常預炙雞一

《御制圆明园四十景诗》2卷

作者：（清）爱新觉罗·弘历 撰

装帧：线装 **纸张：**开化纸

版本：清乾隆十年（1745年）武英殿朱墨套印本

《御制圆明园四十景诗》是记录圆明园鼎盛时期风貌的重要文献。全书以“一景一图一诗”为体例，融合诗、书、画、印艺术特色于一体。1860年圆明园遭英法联军劫掠焚毁后，该书作为圆明园被毁前最完整的图像与诗文记录，具有极高的史料价值和研究价值。

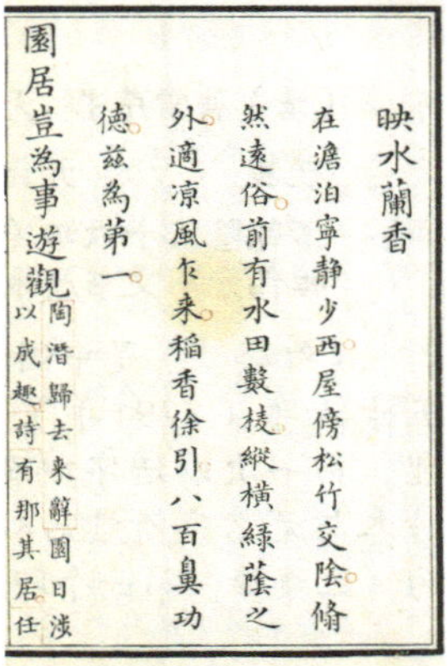
映水蘭香
在澹泊寧靜少西屋傍松竹交陰翛
然遠俗前有水田數棱縱横緑蔭之
外適凉風乍来稻香徐引八百奥功
德兹為第一
園居豈為事遊觀陶潛歸去來辭園日涉以成趣詩有那其居任

《杜工部集》20卷 首1卷

作者：（唐）杜甫 撰 **装帧：**线装 **纸张：**连史纸

版本：清道光十四年（1834年）芸叶庵六色套印本

《杜工部集》为唐代诗人杜甫的诗文集。杜甫被后世誉为“诗圣”，因他晚年曾担任过“检校工部员外郎”，故将他的诗文集命名为《杜工部集》。该套印本共用了6种颜色印刷，是中国古代印刷史上套色最多的典籍之一。

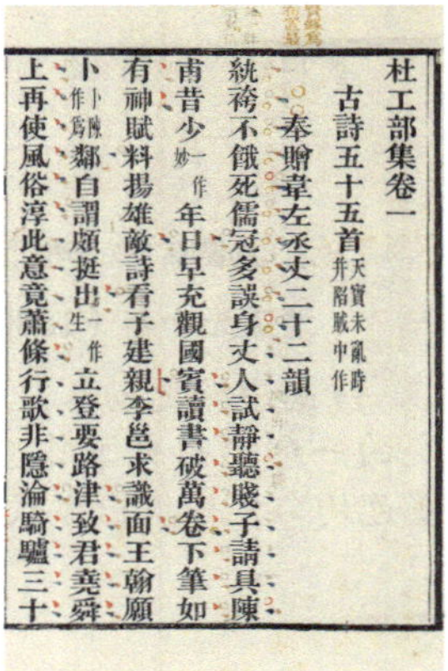
杜工部集卷一
古詩五十五首天寶未亂時并陷賊中作
奉贈韋左丞丈二十二韻
紈袴不餓死儒冠多誤身丈人試靜聽賤子請具陳
甫昔少妙一作年日早充觀國賓讀書破萬卷下筆如
有神賦料揚雄敵詩看子建親李邕求識面王翰願
卜卜隣作爲鄰自謂頗挺出生一作立登要路津致君堯舜
上再使風俗淳此意竟蕭條行歌非隱淪騎驢三十

《十竹斋书画谱》8卷

作者：（明）胡正言 辑选 **装帧：**蝴蝶装

版本：清套色印本 **纸张：**连史纸

《十竹斋书画谱》是明代晚期胡正言辑选的一部书画艺术典籍，以其精湛的版画技艺和丰富的艺术内容闻名，是明清画家学习绘画技法的重要教材。胡正言在印制该书时，革新了传统木刻版画套色工艺，通过饾版技术实现分版分色套印，实现渐变色彩效果，增强画面立体感。这种套印技术后来逐步发展为木版水印技术。

《芥子园画传》1至4集

作者：（清）李渔 论定 （清）王概 等编纂

版本： 清套色印本　　**装帧：** 线装　　**纸张：** 连史纸

《芥子园画传》，又称《芥子园画谱》，是在清代文学家、艺术家李渔倡议下，由王概等人编纂的一部影响深远的绘画技法图谱。全书系统总结了传统绘画技法，并将中国画技法分解为可临摹的程式，方便绘画爱好者临摹学习，至今仍是重要的传统绘画参考书籍。该书同样采取饾版技术进行套色印刷。

《藏书纪要》不分卷

作者：（清）孙从添 撰　　**装帧：** 线装　　**纸张：** 连史纸

版本： 清光绪九年（1883年）潘氏刻本（红印本）

《藏书纪要》是清代藏书家孙从添结合自身藏书经验撰写的一部系统论述藏书理论与实践的专著。书中的核心理念——对文献的敬畏、对历史的守护、对文化的传承——时至今日依然熠熠生辉。

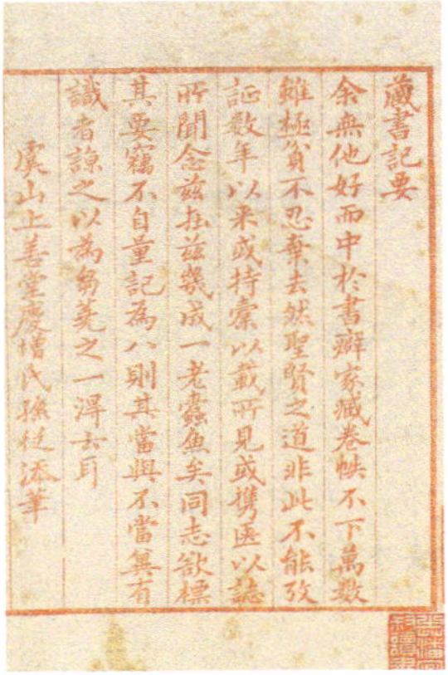

藏書記要

余無他好而中於書癖家藏卷帙不下萬數雖極貧不忍棄去然聖賢之道非此不能致詎數年以來或持橐以載所見或攜匧以誌所聞念茲在茲幾成一老蠹魚矣同志欲標其要竊不自量記為八則其當與不當冀有識者諒之以為芻蕘之一得云耳

虞山上善堂慶增氏孫從添筆

《折枝雅故》5卷

作者：（近代）曲禅 撰　　**装帧：** 线装

版本： 1942年蓝印本　　**纸张：** 宣纸

该书搜集了古代各种酒令，反映了中国古代酒文化的一个侧面。

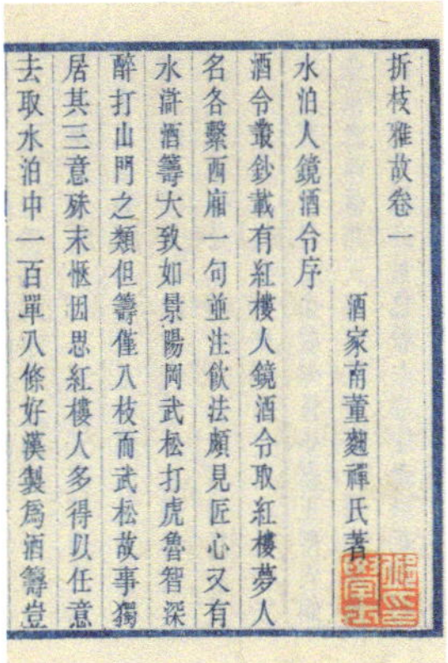

折枝雅故卷一

酒家南董麴禪氏著

水泊人鏡酒令序

酒令叢鈔載有紅樓人鏡酒令取紅樓夢人名各繫西廂一句並注飲法頗見匠心又有水滸酒籌大致如景陽岡武松打虎魯智深醉打山門之類但籌僅八枝而武松故事獨居其三意殊未愜因思紅樓人多得以任意去取水泊中一百單八條好漢製為酒籌豈

《点石斋画报》

作者：（清）吴友如 等绘　　**装帧：**线装

版本：清光绪间上海申报社石印本　　**纸张：**粉连纸

《点石斋画报》是中国首份以石印技术大规模发行的新闻画报。该报以传统线描为基础，融入西方透视技法，推动图像传播大众化，兼具纪实与艺术价值。内容涵盖时事新闻、市井百态、奇闻逸事与科技新知，被誉为“晚清社会的视觉百科”。

《钦定书经图说》50卷

作者：（清）孙家鼐 等纂　**装帧：**线装　**纸张：**连史纸

版本：清光绪三十一年（1905年）总理各国事务衙门石印本

《书经》，又称《尚书》，是中国最古老的历史文献汇编，记录了从上古至春秋时期的政治、历史、典章制度和思想观念等内容。《钦定书经图说》是一部以图解形式阐释《尚书》的儒学著作，书中插图与文字均采用西方传来的石版印刷技术印制。

《一芝草堂诗稿》不分卷
《一芝草堂杂稿》不分卷

作者：（清）吴懋祺 撰　**装帧：**蝴蝶装　**纸张：**机制纸

版本：清宣统二年（1910年）手写石印底本

《一芝草堂诗稿》《一芝草堂杂稿》是清末吴懋祺撰写的诗文集。该书为清末时期石印出版物底本，是少见的印刷实物资料。石版印刷流程是底本写好后，将底本图文通过照相技术拍摄到专用胶纸上，然后再通过胶纸将图文转印到石板上。

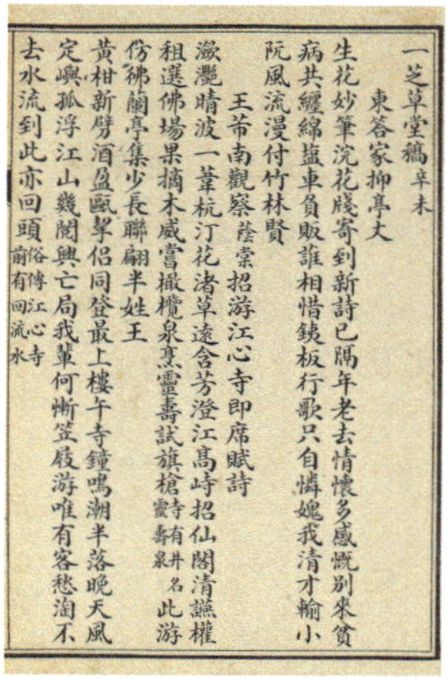

一芝草堂稿 辛未

東荅家抑亭丈

生花妙筆浣花牋寄到新詩已隔年老去情懷多感慨別來貧病共纏綿塩車負販誰相惜鋏板行歌只自憐媿我清才輸小阮風流漫付竹林賢

王芾南觀察蔭棠招游江心寺即席賦詩

瀲灔晴波一葦杭汀花渚草遠含芳澄江高峙招仙閣清讌權租選佛場果摘木威嘗橄欖泉烹靈壽試旗槍寺有井名靈壽泉 此游仿彿蘭亭集少長聯翩半姓王

黃柑新劈酒盈甌挈侶同登最上樓午寺鐘鳴潮半落晚天風定嶼孤浮江山幾閱興亡局我輩何嘶笠屐游唯有客愁淘不去水流到此亦回頭俗傳江心寺前有回流水

《考工记》上下篇

作者:不详　**装帧**:线装　**纸张**:白绵纸

版本:明万历四十四年（1616年）吴兴闵氏朱墨套印本

《考工记》是中国现存最早的系统记录手工业技术与职官制度的文献，它是汉以前学者总结中国古代工程技术的重要著作。其著者不详，约成书于春秋末年，一般被认为是春秋末期齐人所制官书。

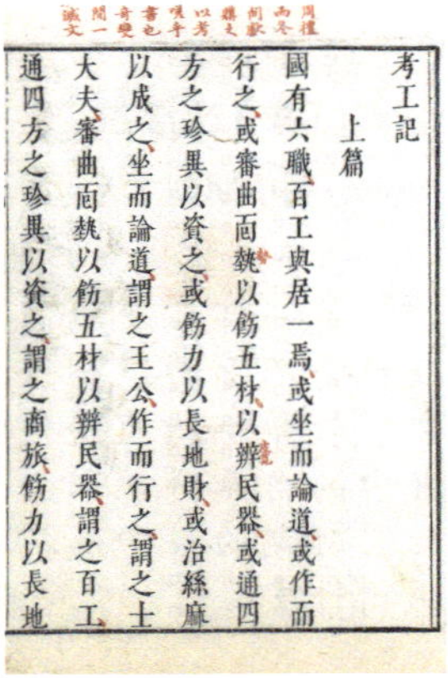
考工記

上篇

國有六職百工與居一焉或坐而論道或作而行之或審曲面埶以飭五材以辨民器或通四方之珍異以資之或飭力以長地財或治絲麻以成之坐而論道謂之王公作而行之謂之士大夫審曲面埶以飭五材以辨民器謂之百工通四方之珍異以資之謂之商旅飭力以長地

《九章算术》9卷

作者:（魏）刘徽 注　**装帧**:线装

版本:清光绪十六年（1890年）刻本　**纸张**:竹纸

《九章算术》是中国古代最重要的数学经典之一，成书于东汉前期，由历代数学家整理修订而成。该书共分9章，记录了开方术、方程术、勾股定理等数学原理，系统总结了中国先秦至汉代的数学成就，奠定了中国传统数学的基础。三国时期，曹魏数学家刘徽为《九章算术》作注，推动了中国古代数学的发展。

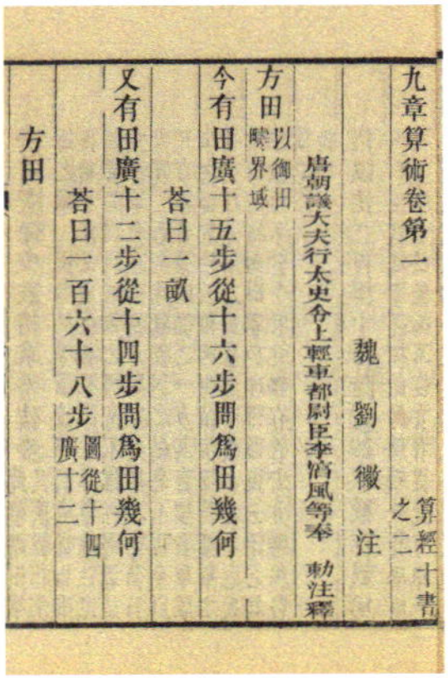
九章算術卷第一　算經十書之二

魏劉徽注

唐朝議大夫行太史令上輕車都尉臣李淳風等奉勅注釋

方田以御田疇界域

今有田廣十五步從十六步問爲田幾何

荅曰一畝

又有田廣十二步從十四步問爲田幾何

荅曰一百六十八步 圖從十四廣十二

方田

《齐民要术》10卷

作者:（北魏）贾思勰 撰　**装帧**:线装　**纸张**:连史纸

版本:清光绪元年（1875年）湖北崇文书局刻本

《齐民要术》是北魏时期农学家贾思勰所著的一部综合性农学著作，是中国现存最早的一部完整的农书。全书系统地总结了6世纪以前黄河中下游地区劳动人民农牧业生产经验、食品的加工与贮藏、野生植物的利用以及治荒的方法等内容。

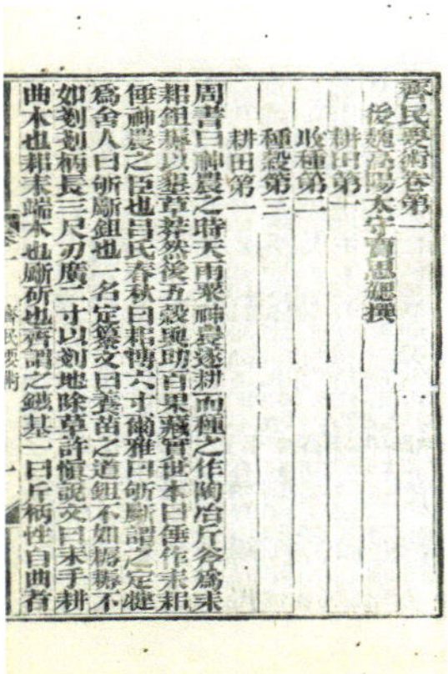
齊民要術卷第一

後魏高陽太守賈思勰撰

耕田第一

收種第二

種穀第三

耕田第一

《梦溪笔谈》26卷

作者：（宋）沈括 撰　**装帧：**线装

版本：明中期刻本　**纸张：**竹纸

《梦溪笔谈》为北宋科学家、政治家沈括所撰，是一部涉及中国古代自然科学、工艺技术及社会历史的综合性笔记体著作，内容涉及天文、数学、物理、化学、生物等多门类学科。书中的自然科学部分，总结了中国古代特别是北宋时期的科学成就。北宋时期的重大科技发明和科技人物，均赖此书记载传世。

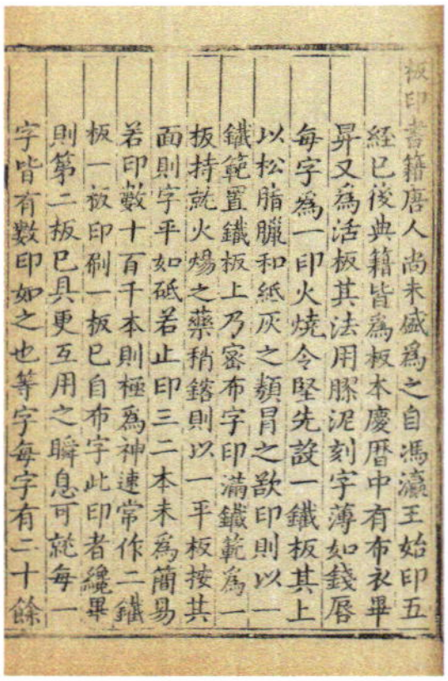
板印書籍唐人尚未盛爲之自馮瀛王始印五
經已後典籍皆爲板本慶曆中有布衣畢
昇又爲活板其法用膠泥刻字薄如錢唇
每字爲一印火燒令堅先設一鐵板其上
以松脂臘和紙灰之類冒之欲印則以一
鐵範置鐵板上乃密布字印滿鐵範爲一
板持就火煬之藥稍鎔則以一平板按其
面則字平如砥若止印三二本未爲簡易
若印數十百千本則極爲神速常作二鐵
板一板印刷一板已自布字此印者纔畢
則第二板已具更互用之瞬息可就每一
字皆有數印如之也等字每字有二十餘

《营造法式》36卷

作者：（宋）李诫 编修　**装帧：**线装　**纸张：**皮纸

版本：1925年刻本（插图部分为彩色石印）

《营造法式》为中国古代建筑专著，由北宋李诫奉旨编修，成书于元符三年（1100年）。其内容多来自北宋时期熟练工匠的经验，成为当时中原地区官式建筑的规范。本书客观上反映了一个历史时期的建筑技术成就，对研究古代建筑有重要参考价值。

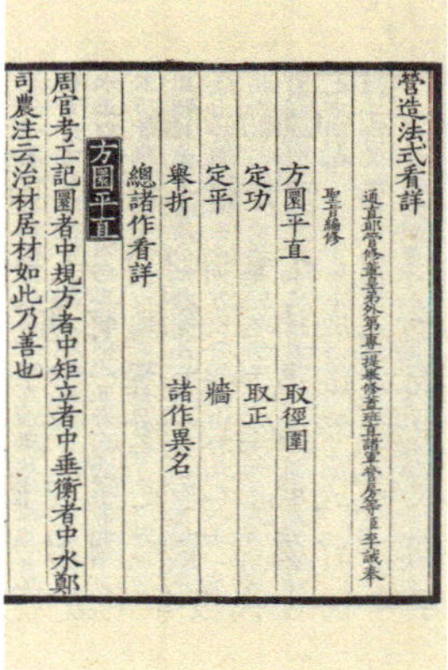
營造法式看詳
通直郎管修蓋皇弟外第專一提舉修蓋班直諸軍營房等臣李誡奉
聖旨編修
方圜平直　取徑圍
定功　取正
定平　牆
舉折　諸作異名
總諸作看詳
方圜平直
周官考工記圜者中規方者中矩立者中垂衡者中水鄭
司農注云治材居材如此乃善也

《补注洗冤录集证》6卷

作者：（宋）宋慈 撰（清）王又槐 集证 阮其新 补注

版本：清道光间三色套印本　**装帧：**线装　**纸张：**连史纸

《补注洗冤录集证》是中国古代法医学著作《洗冤录》的重要增补注释本之一。《洗冤录》由南宋法医学家宋慈编撰，是世界上现存最早的系统法医学专著。

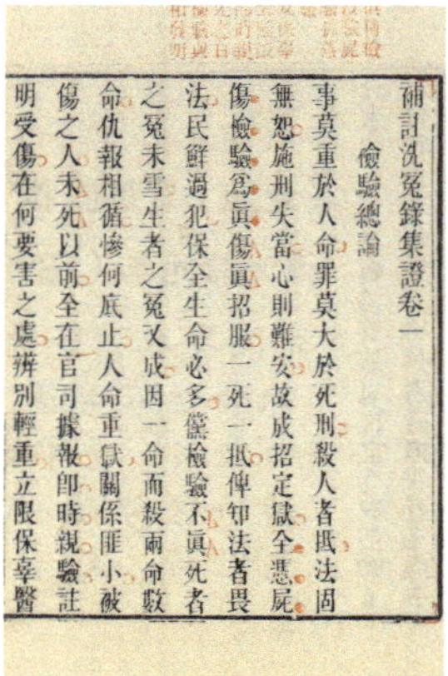
補註洗冤錄集證卷一
檢驗總論
事莫重於人命罪莫大於死刑殺人者抵法固
無恕施刑失當心則難安故成招定獄全憑屍
傷檢驗爲眞傷眞招服一死一抵俾知法者畏
法民鮮過犯保全生命必多饑檢驗不眞死者
之冤未雪生者之冤又成因一命而殺兩命數
命仇報相循慘何底止人命重獄關係匪小故
傷之人未死以前全在官司據報即時親驗註
明受傷在何要害之處辨別輕重立限保辜醫

《本草纲目》52卷 图3卷

作者：（明）李时珍 撰　　**装帧：**线装

版本：清光绪十一年（1885年）刻本　　**纸张：**竹纸

《本草纲目》为中国古代著名本草药剂专著，系统地总结了中国16世纪以前的药物学知识与经验，是中国药物学、植物学等的宝贵遗产，对中国药物学的发展起着重要作用，被誉为“东方医学巨典”。

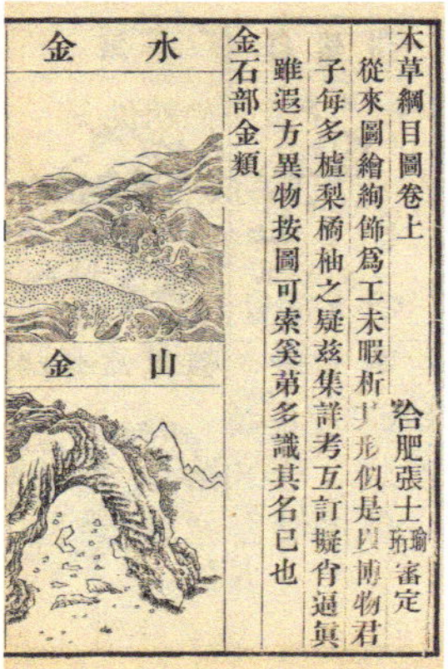
本草綱目圖卷上
合肥張士瑜珩審定
從來圖繪絢飾爲工未暇析其形似是以博物君
子每多樝梨橘柚之疑茲集詳考互訂擬肖逼眞
雖遐方異物按圖可索奚弟多識其名已也
金石部金類

《天工开物》3卷

作者：（明）宋应星 撰　　**装帧：**线装

版本：1929年石印本　　**纸张：**棉连纸

《天工开物》为中国古代综合性的科学技术名著，由明代学者宋应星撰，成书于明崇祯十年（1637年）。该书全面系统地记述了中国古代农业和手工业的生产技术及经验，并附有大量插图，展现了古代中国在科学技术领域所取得的辉煌成就。

《农政全书》60卷

作者：（明）徐光启 纂辑　　**装帧：**线装　　**纸张：**竹纸

版本：清道光二十三年（1843年）曙海楼刻本

《农政全书》是明代科学家徐光启所著的一部综合性农学巨著，集中国古代农业科学技术之大成，被誉为中国古代农业的百科全书。它不仅指导了明清农业生产，至今仍是研究农业史、生态农业的重要文献，并被翻译成多国文字，成为世界农学经典之一。

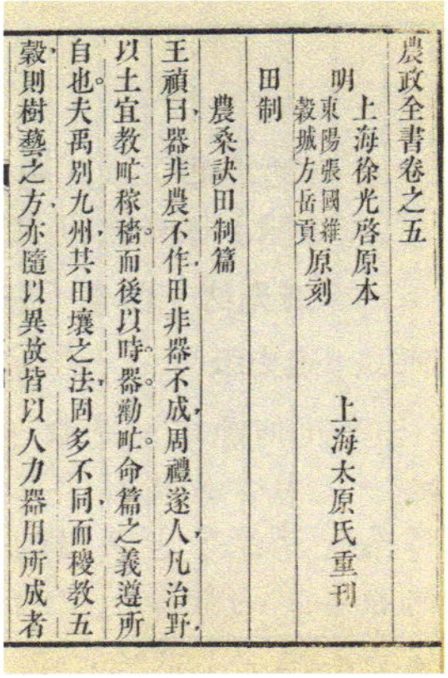
農政全書卷之五
明　上海徐光啓原本
東陽張國維
穀城方岳貢　原刻
上海太原氏重刊
田制
農桑訣田制篇
王禎曰器非農不作田非器不成周禮遂人凡治野
以土宜教甿稼穡而後以時器勸甿命篇之義遵所
自也夫禹別九州其田壤之法固多不同而稷教五
穀則樹藝之方亦隨以異故皆以人力器用所成者

《高厚蒙求》初集至4集

作者:（清）徐朝俊 著　**装帧:** 线装　**纸张:** 竹纸

版本: 清嘉庆十二年至二十年（1807年—1815年）云间徐氏刻本

《高厚蒙求》是清代数学家、天文学家徐朝俊所著的一部综合性科学启蒙读物，注重实用科学知识的传播。该书收录《星月测时》《自鸣钟表图法》等内容，其中《自鸣钟表图法》是中国第一部完整介绍钟表结构的古籍。

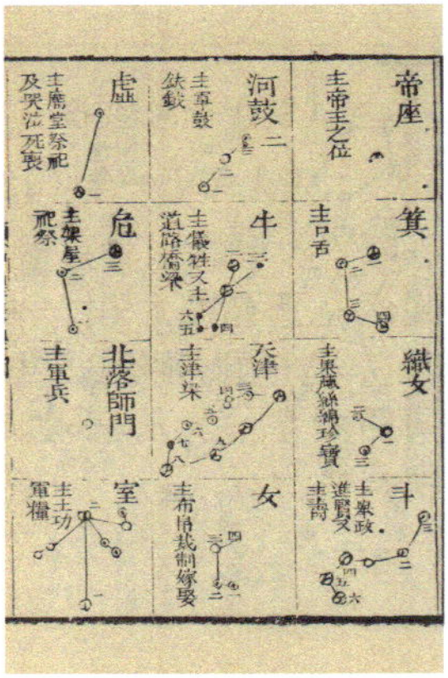

《景德镇陶录》10卷

作者:（清）蓝浦 编著　郑廷桂 补辑

版本: 清光绪十七年（1891年）京都书业堂刻本

装帧: 线装　**纸张:** 连史纸

《景德镇陶录》是中国古代一部专门记述景德镇陶瓷业及制瓷技术的专著，成书于嘉庆年间。全书共10卷，内容涵盖景德镇制瓷的历史、工艺、窑户、匠作、风俗等方面，是研究中国古代陶瓷史的重要文献。

《几何原本》15卷

作者:（古希腊）欧几里得 著
（明）徐光启（清）李善兰 笔述

版本: 清光绪十四年（1888年）上海大同书局石印本

纸张: 连史纸　**装帧:** 蝴蝶装

《几何原本》是数学史上最具里程碑意义的著作之一，由古希腊数学家欧几里得编纂而成。这部著作系统总结了古希腊的几何学成就。中国人对《几何原本》的翻译是中西文化交流史上的重要篇章，从明末至清末最终完成了该书的完整翻译。

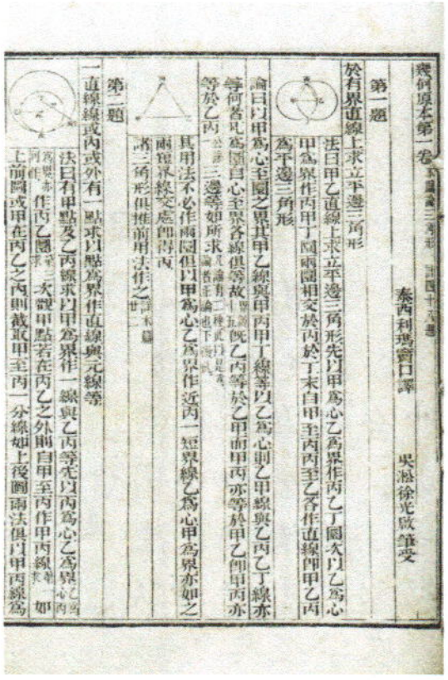

《重学》17卷

作者：（英）胡威立 著（英）艾约瑟 口译（清）李善兰 笔述

版本：清同治六年（1867年）上海美华书馆叠积字活字印本

装帧：线装　　**纸张：**竹纸

《重学》是一部系统介绍西方经典力学的科学著作。《重学》的印刷采用了叠积字活字印刷方式，这是近代活字印刷技术中一种特殊的组合式排版方法，其目的在于通过分解与组合字符部件来实现高效排版与节省印刷成本。

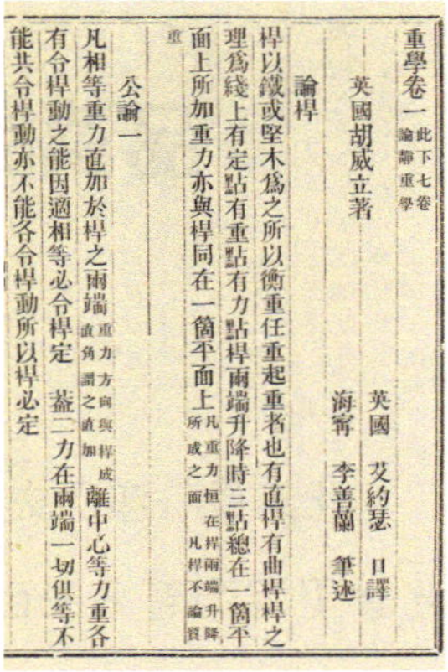
重學卷一 此下七卷論靜重學
英國胡威立著　英國艾約瑟口譯　海寧李善蘭筆述
論桿
桿以鐵或堅木爲之所以衡重任重起重者也有直桿有曲桿桿之理爲綫上有定點有重點有力點桿兩端升降時三點總在一箇平面上所加重力亦與桿同在一箇平面上 凡重力恆在桿端升降所成之面凡桿不論質重
公論一
凡相等重力直加於桿之兩端 重力方向與桿成直角謂之直加 離中心等力重各有令桿動之能因適相等必令桿定　蓋二力在兩端一切俱等不能共令桿動亦不能各令桿動所以桿必定

《脱影奇观》3卷

作者：（英）德贞 编译　**装帧：**线装　**纸张：**竹纸

版本：清同治十二年（1873年）京都施医院刻本

《脱影奇观》为中国出版的第一部中文摄影技术专著，揭开了摄影术的奥秘，对普及科学知识、传播摄影技术起到了推动作用。

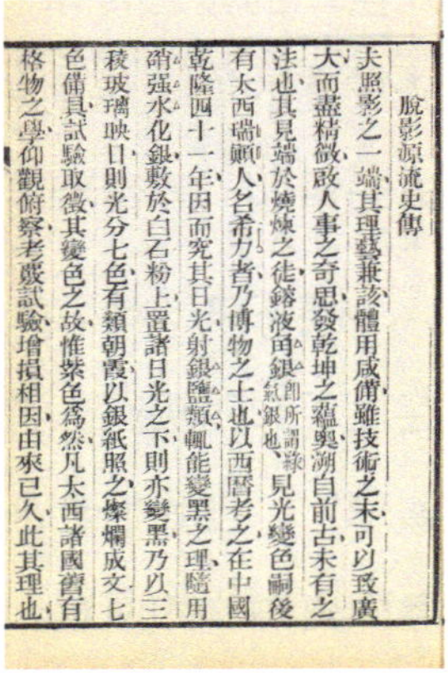
脫影源流史傳
夫照影之一端其理藝兼該體用咸備雖技術之末可以致廣大而盡精微啟人事之奇思發乾坤之蘊奧溯自前古未有之法也其見端於煉之徒鎔液成銀卽所謂鏡銀也見光變色嗣後有太西瑞顛人名希力者乃博物之士也以西曆考之在中國乾隆四十一年因而究其日光射銀鹽類輒能變黑之理隨用硝強水化銀敷於白石粉上置諸日光之下則亦變黑乃以三稜玻璃映日則光分七色有類朝霞以銀紙照之燦爛成文七色備具試驗取徵其變色之故惟紫色爲然凡太西諸國靡有格物之學仰觀俯察考覈試驗增損相因由來已久此其理也

《化学鉴原》6卷

作者：（英）韦而司 撰（清）徐寿 笔述　**装帧：**线装

版本：清光绪间江南制造总局刻本　**纸张：**竹纸

《化学鉴原》为我国出版的第一部近代化学理论教科书，书中简要介绍了各种元素及其化合物的性质、制取方法、用途等，创造了沿用至今的化学元素写法。

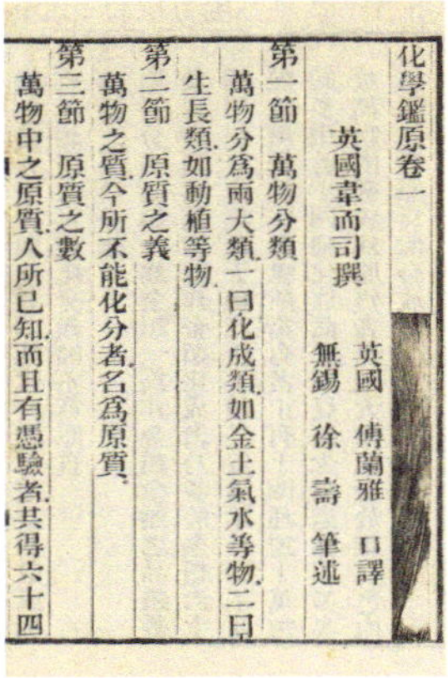
化學鑑原卷一
英國韋而司撰　英國傅蘭雅口譯　無錫徐壽筆述
第一節　萬物分類
萬物分爲兩大類一曰化成類如金土氣水等物二曰生長類如動植等物
第二節　原質之義
萬物之質不能化分者名爲原質
第三節　原質之數
萬物中之原質人所已知而且有憑驗者共得六十四

品读街巷烟火 寻访古都文化

北京特色文化介绍

北京是一座历史厚重的古都。当我们站在这里，会发现炸酱面的酱香里沉淀着平民百姓的生活智慧，北京烤鸭的金黄脆皮下包裹着几百年的技艺传承。从巧夺天工的景泰蓝到灵动细腻的京绣，从青砖灰瓦的四合院到热闹喧腾的庙会，这些文化符号如同打开古都历史的钥匙，等待着年轻的眼睛来发现、探索。

接下来，请大家翻开书页，从舌尖滋味感知历史温度，在寻常街巷发现文明轨迹。当我们了解了景泰蓝的工序，就会懂得何为“匠心如琢”；当我们走进胡同小道，便能一窥古人的市井生活，体会“地名即史书”的深意。让我们带着发现的眼光启程，在传统与现代的首都北京，遇见生生不息的中华文明。

烤鸭

每一片薄如纸片的鸭皮，上面覆盖着一层油光水滑的脂肪，再抹上一层酱料，将葱、黄瓜一同包裹，一口咬下，鸭肉鲜美，鸭皮酥脆，味道丰富又复杂。而正宗的北京烤鸭，更是需要将鸭子切割成108片，体现了中国厨师的高超技艺。

说起烤鸭，不能不提及北京的两大老牌烤鸭店——便宜坊和全聚德。便宜坊在明朝时期就已经在北京营业，是北京烤鸭的鼻祖，明清时期深受皇室喜爱。1864年养鸭农民杨全仁看到生意兴旺的便宜坊，也开了一家烤鸭店，取名为全聚德，而他又另辟蹊径研发了挂炉烤鸭，并花重金聘请了在清宫御膳房做烤鸭的师傅，从此宫廷烤鸭逐渐成为民间佳品。2008年，全聚德的挂炉烤鸭、便宜坊的焖炉烤鸭入选第二批国家级非物质文化遗产名录。

铜锅涮肉

老北京铜锅涮肉，又叫老北京涮羊肉、羊肉火锅。正宗的老北京铜锅涮肉有“四大讲究”—— 一汤底、二食材、三蘸料、四小吃，少了其中一样，都不够味。

“铜锅一盏、清水一碗、姜葱两三”，简简单单12字道尽汤底的奥秘。用最简单的配料和料理方法，搭配最优质的食材，让人们享受食物最原本的美味。薄至透明的鲜红肉片烫进翻滚着的清亮鲜汤，再蘸上精心调制的麻酱碟蘸料，入口即是肉片的鲜美滋味。

吃的顺序也有讲究。先涮毛肚，再涮羊肉，最后才涮菜。涮菜是经典的“老三套”，白菜、豆腐、粉丝，还可以倒上煮过羊肉的热汤，热乎乎又美滋滋。搭配涮肉的还有糖蒜，一瓣糖蒜在唇齿间咬开，汁水四溢，酸酸甜甜，清爽解腻。

炸酱面

炸酱面是北京的传统小吃，被誉为“中国十大面条”之一。

别小看了一碗老北京炸酱面，它的历史和文化可是纵贯古今，老北京炸酱面是京城文化响当当的代表。清朝晚期就有关于炸酱面的记载，清末大多数八旗子弟家道中落，饮食上也就难以如前，为了摆排场充面子，在吃面的时候，要放上酱，酱还要用油炸一下，这样色泽好看，更能体现出酱的香味。然后加上时令蔬菜，将芹菜末、黄瓜丝、白菜心、豆芽、小萝卜等时蔬拌入炸酱面，这样吃起来更加鲜美可口。

炸酱面虽是家常饭，看似简单却很讲究。每一样食材都是常用的，但制作起来都有规矩、都很精细，只有每一个步骤都到位了，才能吃到地道可口的炸酱面。

景泰蓝

景泰蓝技艺又名铜胎掐丝珐琅，因成熟于明景泰年间，故名景泰蓝。其技艺是用铜做胎，将细铜丝轧扁后以手工制成各种图案，掐、焊、贴在胎体上，再施珐琅釉料，经过烧制、磨光、镀金等多道工序，最后制作出成品。

景泰蓝技艺是外传珐琅技艺和本土金属珐琅工艺相结合的产物。明清两代，御用监和造办处均在北京设有专为皇家服务的珐琅作坊，技艺从成熟走向辉煌。景泰蓝制品造型典雅，纹样繁多，色彩富丽，具有宫廷艺术的特点，给人以圆润结实、金光灿烂的艺术感受，有很高的艺术价值，曾多次参加国内外重要展览，为祖国赢得荣誉，还经常被作为国礼馈赠外宾。

雕漆

雕漆，又称剔红，是中华民族传统工艺的瑰宝和精华，与景泰蓝、象牙雕刻、玉雕一起被誉为京城工艺“四大名旦”，还是“燕京八绝”之一。

雕漆始于漆器，是以大漆为原料，在胎体上一层层涂堆到适当厚度再进行加工雕刻的艺术品。雕漆也被称为时间的艺术，需要经过画图、制漆、髹漆、雕刻和打磨等百余道工序手工完成，每道工序，都依赖时间的沉淀。而一件作品的圆满，凝聚着无数匠人的智慧。一位匠人，至少需要10年，才能熟练掌握各种雕漆技法，达到让“器物有灵”的境界。

京绣

“始于宫廷，一针一线，尽显皇家气派；流入民间，一绣一色，尽显人生百味。”这句话描述的就是令人叹为观止、惊艳世界的京绣艺术。

京绣，又称宫绣、宫廷绣，乃“燕京八绝”之一，是一门古老的传统刺绣工艺。它以北京民间刺绣为基础，充分吸收融合了各地方绣种之所长，最终形成了独特的艺术风格。

京绣选用最好的面料和绣线等材料，在针法上，汲取了各地绣种精绝的技艺。京绣配色鲜艳，纹样图案追求寓意吉祥，以龙凤图案、飞禽走兽、吉祥八宝、山水花鸟为主，传达祈福纳祥、驱邪避恶的美好愿望。京绣不只是绣品，更是历史的缩影、艺术的绽放。它的美，不仅在于图案的精致，更在于其间传递千年的情感和历史。

京剧

京剧是中国最具代表性的戏曲剧种之一，它融合了唱、念、做、打等多种表演形式，以其丰富的情感表达和精湛的技艺，深受广大观众喜爱。京剧的舞台设计独具匠心，充满浓厚的中国传统文化气息。2006年5月，京剧被国务院批准列入第一批国家级非物质文化遗产名录。2010年，被列入联合国教科文组织非物质文化遗产名录。

京剧的四大行当为生、旦、净、丑，各有其独特的韵味。生角，英气逼人，一展男儿风采；旦角，婀娜多姿，尽显女子风情；净角，豪迈粗犷，彰显男性阳刚之气；丑角，滑稽诙谐，让人捧腹大笑。

京剧不仅是一种表演艺术，更是一种文化的传承。它融合了诗词、歌唱、舞蹈、表演等多种艺术元素，展现了我们中华民族的深厚文化底蕴。

胡同

北京胡同是北京城市的一大特色，不仅构成了北京城的交通网络，还是北京居民生活的重要场所，承载着丰富的历史文化。北京的胡同最早起源于元代，距今已有数百年的历史。历史上北京胡同数量众多，最多时有6000多条，但随着时间的推移和城市的发展，部分胡同已经消失或被改造。

老北京胡同，一半人间烟火，一半人文艺术。胡同文化是北京文化的重要组成部分，体现了北京人特有的生活方式、价值观念和社会习俗。胡同里的居民生活节奏慢，邻里关系和谐，注重人情味和社区归属感。

胡同也是许多文学艺术作品的创作源泉和背景，如老舍的《骆驼祥子》等作品就描绘了老北京胡同的生活场景。

庙会

庙会，作为中国传统民俗文化的代表，承载着丰富的历史底蕴和民间风情。它起源于古代的宗庙祭祀制度，是中国传统社会民众生活中的重要活动。人们在庙会中祈求神灵保佑，五谷丰登，家庭和睦。随着时间的推移，庙会逐渐演变成了一种集娱乐、购物、品尝美食、欣赏技艺于一体的民间盛会。

每到年末岁尾，北京城洋溢着一片欢乐祥和的氛围。春节期间，北京各大庙会，如厂甸庙会、地坛庙会等都热闹非凡！新老庙会各地开花，人们穿着新衣穿梭在五彩斑斓的灯笼和摊位之间，吃着糖葫芦、驴打滚、茶汤等传统小吃，欣赏相声、拉洋片、杂技等现场表演，体验各种游乐设施，尽情享受着节日的欢乐和热闹。

我的北京记忆

亲爱的小伙伴们:

时间过得真快，转眼间我们的夏令营活动就要结束了！在这7天里，我们一起探索了北京的历史与文化，品尝了美味的地方小吃，结识了来自不同地方的新朋友，学习了习近平新时代中国特色社会主义思想，了解了党的历史、工运历史、劳动知识、科学知识，充分感受了党和国家对职工群众和少年儿童的关心关怀。

你们在长城上快乐奔跑的身影、在故宫前开心悦耳的笑声、在科技馆里炯炯有神的目光、在党史馆中认真专注的神情……都是这次夏令营最美好的回忆。希望大家拿起手中的笔，续写下这篇属于你的“北京记忆”，记录夏令营的所见所闻、所思所想，把这段难忘的经历铭记在心，继续保持这份对知识的渴望、对祖国的热爱、对世界的好奇！

祝小伙伴们在未来的日子里，继续勇敢追梦，探索更广阔的世界，书写人生美好篇章！

工会夏令营全体工作人员

2025年夏

记录美好回忆！

Beijing

北京

打卡啦！

留下我的足迹

图书在版编目（CIP）数据

工会夏令营手册 / 中国职工国际旅行社总社编.
北京：中国工人出版社，2025. 6. -- ISBN 978-7-5008-8745-4

I. D412.65-62

中国国家版本馆CIP数据核字第20258DU110号

工会夏令营手册

出版人	董　宽
责任编辑	陈晓辰
责任校对	张　彦
责任印制	黄　丽
插画设计	周嫣然
出版发行	中国工人出版社
地　址	北京市东城区鼓楼外大街45号
网　址	http://www.wp-china.com　　邮政编码：100120
电　话	（010）62005043（总编室） （010）62005039（印制管理中心） （010）62001780（万川文化出版中心）
发行热线	（010）82029051　62383056
经　销	各地书店
印　刷	北京盛通印刷股份有限公司
开　本	880毫米×1230毫米　1/32
印　张	4.75
字　数	200千字
版　次	2025年6月第1版　2025年7月第2次印刷
定　价	68.00元